［図解］

知識ゼロからはじめる投資信託の入門書

忙しい人でも
大丈夫
らしいですね！

少額でも
はじめられる
理由を教えて！

投資信託なら
すごくお得って
本当？

リスクが
高くないって
聞いたんだけど

安恒 理 著

ソシム

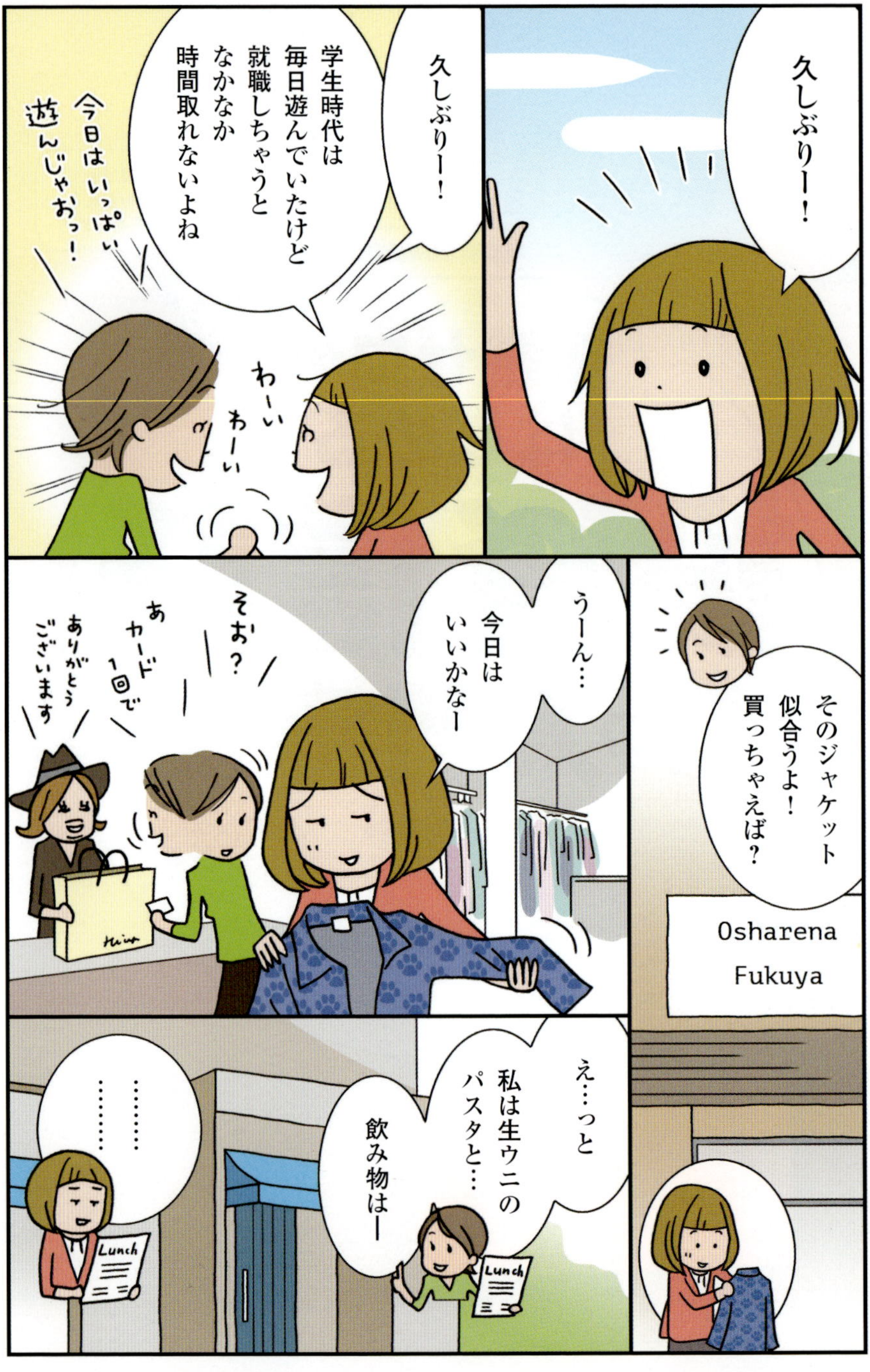
久しぶりー！
久しぶりー！
学生時代は毎日遊んでいたけど就職しちゃうとなかなか時間取れないよね
今日はいっぱい遊んじゃおっ！
わーい わーい
そのジャケット似合うよ！買っちゃえば？
Osharena Fukuya
うーん…
今日はいいかなー
そお？
あ カード1回で
ありがとうございます
え…っと
私は生ウニのパスタと…
飲み物はー
Lunch
………
………
Lunch

お客さま
セットでお飲み物は
いかがですか
私は
お水でいいです
ボソ…
Lunch menu
Lunch menu
ねえ
明日はお休みでしょ？
夜ちょっと
飲みに行かない？
生ウニ
おいしー
あ…
そうねえ
どうしよう…かな
行きたいけど
うーん…
いちばん安い
キュウリと
ハムのサンドイッチ
え？
ちょっと……
あなた少し
ケチくさくない？
そ
そ
そんなこと
ないわよ！
私はキュウリと
ハムと水が
好きなの！
そんなこと
あるわよ！
今私のウニ
見てたでしょっ
なに
その
いじましい
会話…

何？ 何か大きな買い物でもしようとしてるの？
……ってか
ま！ まさかホスト？ ホストなの！
やめなよ！ 身ぐるみはがされるわよ！
ちょっ…ちょっと！
声が大きいよっ
それはマズイねぇ…
あーあ 昔っからチャラいのが好きだなとは思ってたけど…
悪い男に貢いじゃって自分は水飲んでるのかー
貯金？
そう 貯金
ザワ ザワ
貢いでるんだって
おまえ…
にちゃ〜
ホスト？
なんだ貯金か
いいよ…私のウニパスタ食べな…
貯金してるの！
学生時代は気にもしなかったけどいざ自分が働き始めたらお金って大事だなって思って…
気が早いかもだけど将来を考えると不安だし…
あの時生ウニを頼まなければ
今はもっと裕福だったでしょウニ…
わ…
私？
だよね だよね
水

たしかに世間では〝景気がよくなった〟とか言ってるけどイマイチ実感ないしね
何がよくなってるかわかんないし
新聞
ホントは景気いいぞ!!
でも今、普通預金の金利ってたしか0・001%でしょ?
コロリン
100万円
100万円貯金があったとして利息は
…10円!?
そーねー
ムッ
あんたみたいにバカスカ買い物するよりマシでしょ!
ムッ
何よ! もしインフレになったらその価値だって目減りするんだから!
100万円が10万円よっ
老後泣いても知らないわよ
ふんっ晩年まで大爆笑よ!
お嬢さんたち少し落ち着いて! 話は聞かせてもらいました
やめてー
何よ! 盗み聞き!?
ウニ代払ってもらうわよ!
盗み聞きって…あれだけ大声で言い合ってたら勝手に耳に入ってきちゃいますよ
そうですね すみません…
イエイエ

で！
あなたの言うように浪費を控えて将来に備えることは大事です
ですよね！
でも　あなたのおっしゃることもごもっともで　貯金の利息は微々たるものだしインフレリスクもあります
トイレットペーパー2コで1万円！
でしょー！
ただ貯めるのもダメ使うのもダメ…ではどうするのか？
ゴクリ…
その答えこそ
投資信託です
っていうか
投信
とーししんたく!?
だれ？アナタ
でも私投資なんてしたことないです
なんだかこわい…
わからないのに手を出すの不安…

大丈夫！プロ任せなので安心してください
自慢じゃないけど貯金ありません！
少額投資が可能なので問題ありません！
少しでもできるんだ
でもそれで本当に儲かるの？
いくつかのポイントを押さえれば大丈夫！
ポイント
キャー
詳しく教えてー！
通りすがりの安恒です
では次のページに参りましょう
ってか結局あなた誰？
やあ！

投資信託のここがスゴイ！
其の壱

運用のプロに任せられる

投資と言われて真っ先に思い浮かぶのは株やFXでしょう。これらは〝常に株価や為替相場を気にしなくてはならない〟という側面があります。また、その前提として企業活動や社会情勢などにも目を配らなければなりません。投資初心者にはハードルが高く感じられることでしょう。

しかし投資信託は、**実際に運用するのは****金融のプロなので安心！** 大枠の方針さえ決めてそれにそった商品を購入すれば、**あくせくせずに資産を増やせる**のが魅力です。とはいえすべて任せっきりというのではいけません。細かいテクニックは不要ですが、適切な運用がなされているか、大きな視点からチェックをする必要はあります。

投資信託のここがスゴイ！

其の弐 難しい投資にも挑戦できる

個人で株や債券に投資をしようとすると日本株や日本国債が基本。その他というとせいぜい先進国が対象になるくらいで、途上国にお金を回すのは難度がぐっと高まってしまいます。また、個人レベルでは売買が不可能なケースも少なくありません。

しかし投資信託では、投資対象をパッケージ化して販売する投資信託では、例えば「アフリカ株にかけてみたい」「スリランカ国債を買ってみたい」といったことも可能。もちろんこうした場合でも〝運用はプロ任せ〟というポイントは変わりません。ただしこうした珍しい投資対象は、相対的にリスクも高くなります。本書で解説する分散投資を肝に銘じるようにしましょう。

投資信託のここがスゴイ！

其の参

元手が少なくても問題ない

株の場合、各銘柄ごとに売買できる単位が決まっています。例えば2018年8月初旬のトヨタ株は約7100円ですが、百株単位でしか購入できないので、手持ち資金が70万円強なければ手を出すことができません。中には一つの株式を取得するのに数百万円が必要になるものもあります。

しかし投資信託は多人数からお金を集めてファンドを形成し、運用していくしくみです。このため、**一人ひとりの用意する金額は少額でOK！**　コツコツと買い増していく積立投信なら**月に5000円程度、場合によっては1000円**なんて商品があるほどです。手軽に始められるのもポイントといえます。

投資信託のここがスゴイ！

其の四

長期運用で着実に利益獲得

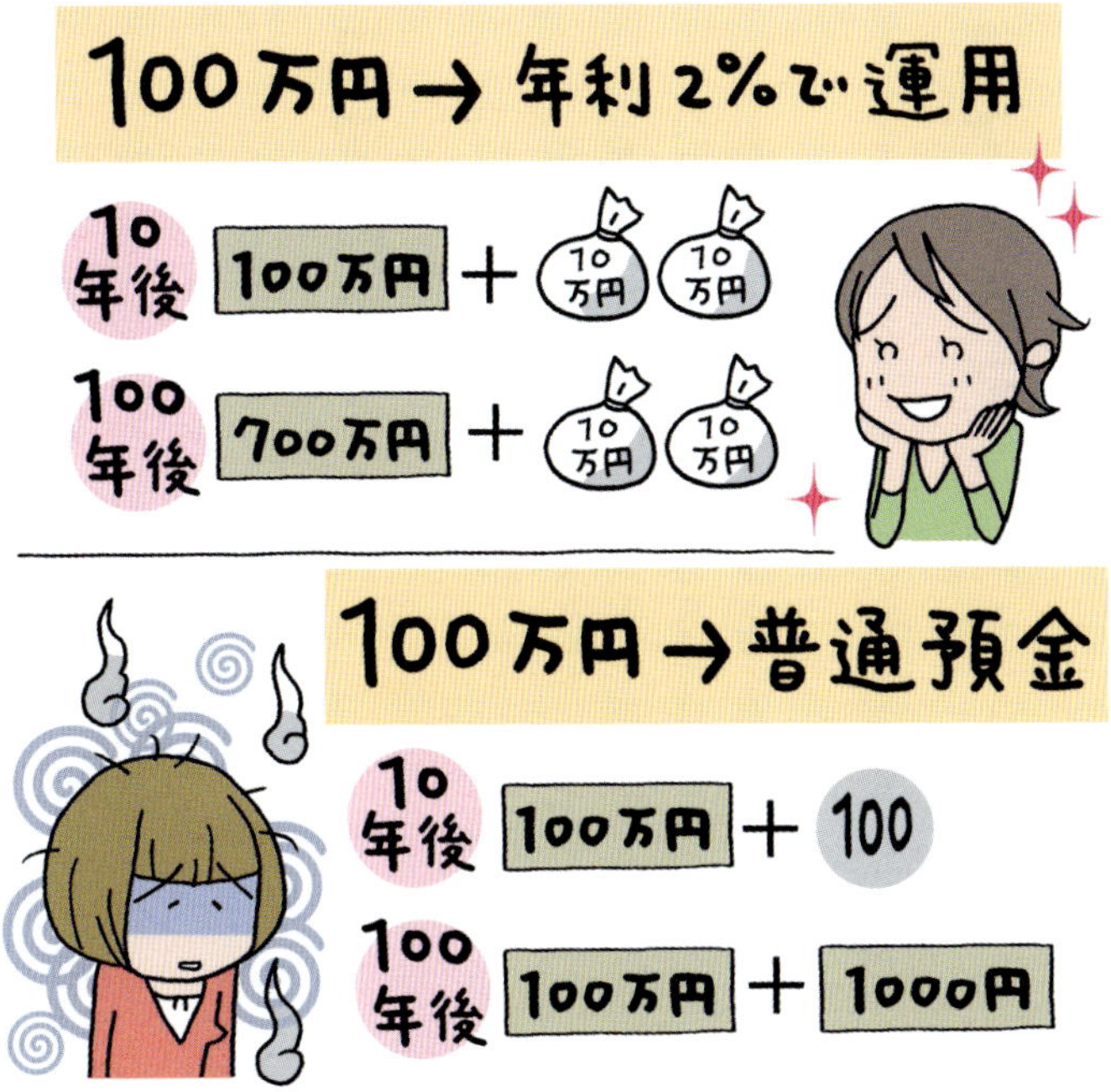

投資信託は比較的低リスク・低リターンな投資です。しかし年利5～10％という商品も決してめずらしくはありません。少し厳しめに見積もって仮に百万円の元手を10年にわたって年利2％で複利運用したとすると、最終的に**資金は約122万円にまで膨れ上がります**（運用益非課税の場合）。

一方、これが普通預金だったらどうでしょう。2018年時点におけるメガバンクの普通預金金利は0.001％。しかもしっかり税金もとられますから、元手百万円は10年後になんと百万79円に！　メガバンクの**10年定期に預けたところで百万796円**……。これでも預金を選びますか？

実際に始める前にこれだけは押さえておきたい

超初心者のための投資信託基礎用語集

ファンド

多くの投資家からお金を集めて運用する商品のことをファンドといいます。大きなお金になることで投入できる資金規模も増大し、スケールメリットが得られるのがポイントです。投資信託以外にも、ヘッジファンドや企業投資ファンドなどがあります。

ファンドマネジャー

金融のプロとして高度な専門知識と豊富な経験をもとに、顧客から集めた資金を運用して利益を出すのがファンドマネジャーです。国家資格などではありませんが、金融庁への申請・登録をしなければなりません。

純資産総額（じゅんしさんそうがく）

投資信託に組み入れられている各金融商品すべての時価総額を合算したものを純資産総額といいます。その投資信託を買う人が増えた場合、運用がうまくいった場合に純資産総額は増加。基本的に多ければ多いほどよいと考えてください。

基準価額（きじゅんかがく）

投資信託の価値を示す金額です。1日に1回公表されますが、実際の価値は運用状況によって変動します。また、売却には日数を要するため、指示をしたときの基準価額で売れるわけではありません。基準価格は通常、1万口あたりの金額で示されます。

受益権口数（じゅえきけんくちすう）

投資信託の売買時に用いられる取引単位を口数といいます。一つの投資信託について、投資家が持っている口数の合計が受益権者総口数です。一人の投資家が多くの口数を保有するため、口数＝投資家の数ではありません。口数が多いほど投資信託としての規模が大きいのでよいと考えてかまいません。

償還（しょうかん）

多くの投資信託には信託期間が設定されており、この期日を迎えるとその時点で財産の清算を行ない、口数に応じた金額は投資家に支払われます。この信託期間の末日が償還日、清算金として支払われるお金が償還金です。償還金は償還日から5日が経過した後に換金できるようになります。

譲渡益（じょうとえき）

投資信託は日々値動きをしており、場合によっては償還金を受け取るよりも途中で売却したほうが利益が増えるケースも少なくありません。ただ、このときには途中解約に伴う信託財産留保額（実質的には手数料）が発生するうえ、利益に対して約20％の税金がかかることには注意が必要です。

譲渡損（じょうとぞん）

投資信託の値動きが思わしくなく、保持しつづけると損が膨らむ一方になることが予想される場合は売却してしまったほうが傷が小さくて済むことになります。このときは元本割れをしているので売却に伴う税金は発生しませんが、信託財産留保額は徴収されることは覚えておいてください。

分配金（ぶんぱいきん）

投資信託の運用益の一部を投資家にキャッシュで還元するのが分配金です。お金が支払われるので一見するとお得に思えますが、その分純資産総額は減少。長期投資という観点からは必ずしも得とはいえないことに注意が必要です。なお、分配金がないタイプの投資信託も存在します。

分散投資（ぶんさんとうし）

投資のとき、「これだ！」と思うものを1点買いすると当たれば大きな利益が得られますが、外れれば大損しかねません。対象を分散させると大当たりこそないものの、リスクはぐっと下がります。さまざまな金融商品をパッケージしている投資信託は、そもそも分散投資的性格が強い投資なのです。

複利効果（ふくりこうか）

仮に１００万円の資金をずっと年５％の利回りで運用できたとき、得られた利益を使うかさらに投資資金にするかで大きく変わってきます。毎回使ってしまうと10年後のトータルは１５０万円ですが、再投資資金にあてれば約１６３万円。投資期間が長くなればなるほどこの差は大きくなります。

金融商品（きんゆうしょうひん）

株や債券、商品先物取引、外国為替など、銀行や証券会社などで取り扱う商品を総称して金融商品といいます。それぞれの金融商品ごとにリスクとリターンは異なります。投資信託は、さまざまな金融商品を組み合わせてパッケージ化して一つにまとめた金融商品です。

目論見書（もくろみしょ）

一言で言うと投資信託の説明書です。投資信託がどういったコンセプトで何に投資をし、どのくらいの利益を目指して運用していくかが明記されています。購入を検討している投資家に必ず渡される比較的簡易な「交付目論見書」と、請求した人にのみ渡されるより詳細な「請求目論見書」の2種類が存在。

投資信託口座（とうししんたくこうざ）

投資信託を売買するには、専用の口座を開設しなければなりません。ただ、口座があればすべての投資信託が買えるわけではなく、口座を開いた証券会社や銀行などの金融機関が取り扱う商品から選ぶことになります。口座を開く前に、商品ラインナップの確認は必須事項であることを忘れないでください。

積立投信（つみたてとうしん）

投資信託は一気に大きく買うこともできますが、毎月少しずつ買い増していくやり方もあります。これが積立投信です。月々用意する資金は少額でかまわないうえ、毎月買うことにより仮に投資信託の基準価額が下がっても、安くなった分多く買い増すことが可能。結果として安定的な運用を実現できます。

ＮＩＳＡ（にーさ）

通常の投資信託口座では譲渡益や分配金に対し、約20％の税金がかかります。より投資にお金を回させるための国の施策として、一定の条件下で利益に税を課さない制度がＮＩＳＡです。特に投資信託にうってつけの、つみたてＮＩＳＡが２０１８年から開始されました。初心者には非常にお得な制度です。

はじめに

超低金利。そもそもは特別な状況をあらわすこの言葉が使われるようになって実に20年が経とうとしています。もはや多くの人にとって超低金利が日常になっているのではないでしょうか？　今となっては信じられませんが日本銀行発表の統計をひもとくと、1990年の定期預金金利（1カ年）は平均6％を超えていました。100万円の預金があれば6万円もの金利がついたのです。しかるに2017年の定期預金金利（1年以上2年未満）は平均0・033％……つまり100万円から330円しか生まれません。

しかしこんな状況下でありながら、日本人は愚直に預金をしがちです。いくら政府が「貯蓄から投資へ」とスローガンを掲げても、なかなか視線が投資へとは向きません。なぜか。やはり「投資は怖い」という感覚から逃れられないのだと思います。

とはいえ、「現状がベスト」と思っている人も決して多くはないでしょう。そんな方にこそ投資信託をオススメします。なぜなら投資信託は冒頭のマンガでも紹介した通り「安定的」で「低リスク」、しかも「手間もかからない」からです。本書では、投資信託のしくみや向き合い方、商品の概要などを超初心者向けに図解を用いてやさしく解説しています。ぜひ本書を手がかりに、投資信託の世界に足を踏み入れてみてください。

安恒　理

もくじ

第1章　投資信託ってどんなもの？

第2章　投資信託の買い方・売り方

第3章 投資信託ってどう選ぶ？

第4章 投資信託の種類いろいろ

第5章 税金がお得なNISAって？

Chapter 01

投資信託ってどんなもの？

本章のポイント

知識ゼロのアナタでも

・投資信託の基本構造
・利益を上げるしくみ
・運用との向き合い方

がわかる！

プロに任せられるなら怖くない……かな？
月5000円なら用意できるかも
飲み会1回ガマン！
株やFXなどのように値動きを常に気にしなくていいので投資初心者にはうってつけですね
でもどうやって利益をあげるんだろ？
儲かるならなんでもいいじゃなーい
気にしすぎ！
ムッ！ナンデモイイダ……ト……？
さて
主な投資信託には以下のようなものがあります
スミマセーン
まずは株
なるほど株ですか
ふむふむカブね
おいしいわよね
株券
次に債券
債券
さ債券ですか
ムズかしそう
へー サイケン
実はどう猛よね
あとは外貨やコモディティ
こ、こ、こもでぃてぃ？
自分とは…
それはアイディンティティ
それはカバディ
ではまず「投資信託」がどんなものかを学んでいきましょうか
ハーイ

01

初心者にぴったりの投資

投資信託は誰でも手軽に始められる

▼お金を増やしたいのなら・・・

経済成長が鈍化し、少子高齢化が進む現在、「給料がなかなか上がらない」「もう少し自由に使えるお金がほしい」「将来に備えてお金を貯めなければ」といったお金の悩みを抱える人は少なくありません。

お金を増やすには、より収入の多い職業に転職したり、副業を始めたりする方法がありますが、かなりの労力が必要です。

では、誰でもすぐに行なえる方法として「投資」はどうでしょう。投資には専門知識や多額の元手が必要なのではと思われがちで、「投資なんてとても無理」と尻込みする人が多いかもしれません。しかし、実は少ない資金でも、最低限の必要な知識を身につければ、投資はすぐに始められるのです。

▼投資初心者にハードルが低い

投資にはさまざまな種類があります。では、具体的に何から始めればよいのでしょうか。投資経験がない（少ない）人であれば、「少額から無理なく始められる」「専門知識がなくても大丈夫」「リスクが少ない」といったもので始めるのが理想です。そして、これらの条件にぴったり合っている金融商品こそ、本書で紹介する「投資信託」なのです。

本書では投資信託の儲け方や魅力、投資信託の種類などについて、わかりやすく解説していきます。

用語解説

金融商品

証券会社や銀行、保険会社などで扱う商品のこと。預金や金銭信託、保険、株式、投資信託、外国為替などが金融商品にあたる。

どうやってお金を増やすか？

稼ぐ

- 現役で働いていれば給料や賞与（ボーナス）で収入を得る
- 副業でさらに収入を上乗せする

でも、給料はなかなか上がらないんだよなあ…。

貯める

でも、銀行に預けても低金利でほとんど増えない…。

- 大きな支出に備えて収入の中から少しずつ蓄えておく
- 節約をして、支出をできるだけ減らす

増やす

- 「稼ぐ」「貯める」だけでなく、お金自身に稼いでもらう
- 投資にはさまざまな種類がある

でも、自分には投資なんて無理…。

投資信託なら大丈夫！

少額から無理なくスタートできる！
➡積立なら1万円から始められる

リスクが低い！
➡運用先が分散されているので、リスクが低い

運用をプロに任せられる！
➡金融の専門家が運用してくれる

ハードルの高い投資にも挑戦できる
➡投資信託を通じてさまざまな投資対象に挑戦できる

02

投資信託を買うとは？

運用のプロを信じてお金を託そう

▼投資信託は中長期の運用が基本

投資信託は、証券会社などで購入して始めます。では「投資信託を買う」とは、そもそもどういうことなのでしょうか。投資信託とは、その名の通り「信じてお金を託し、投資すること」。つまり、**運用のプロを信じてお金を託し、投資を任せる**ことなのです。

ほかの金融商品と比較するとよくわかります。例えば株式投資なら、投資する上場企業について投資家自身で詳しく調べなければなりません。また市場が開いている間は、株の価格が変動し、わずか1日で利益をあげたり、反対に損失を被ったりすることもあります。

しかし、投資信託の場合は、**最低でも半年程度の期間で運用することが一般的で、中長期の運用になる**のが大きな特徴です。

▼5～10％のリターンも狙える

次に、預金と比較してみましょう。銀行に預金したときのリターン（利益）は利息です。現在、その利息を算出する元になる金利は、歴史的にも低い水準にあります。

例えば1年ものの定期預金でも、せいぜい0.1％程度。10万円を預けても、1年でのリターンはわずか100円です。しかし**投資信託であれば、利回りが5％や10％超の商品もたくさんあります。**仮に10万円分購入し、10％で運用できれば、1年で1万円のリターン。投資信託の魅力はここにあります。

用語解説

金利

金利とはお金を貸したり預けたりする場合などに一定率で支払われる対価。「利息」とも呼ばれる。また「利回り」とは投資によって得られる利益の、投資金額に対する割合のこと。

投資信託は気軽にスタートできる

[株式投資は自分で判断する]

A社の
将来性は？
B社の業績は？
投資家
提携先のC社
との関係は？
D社の株価が下がって
いるのはなぜ？

[運用のプロに判断してもらう]

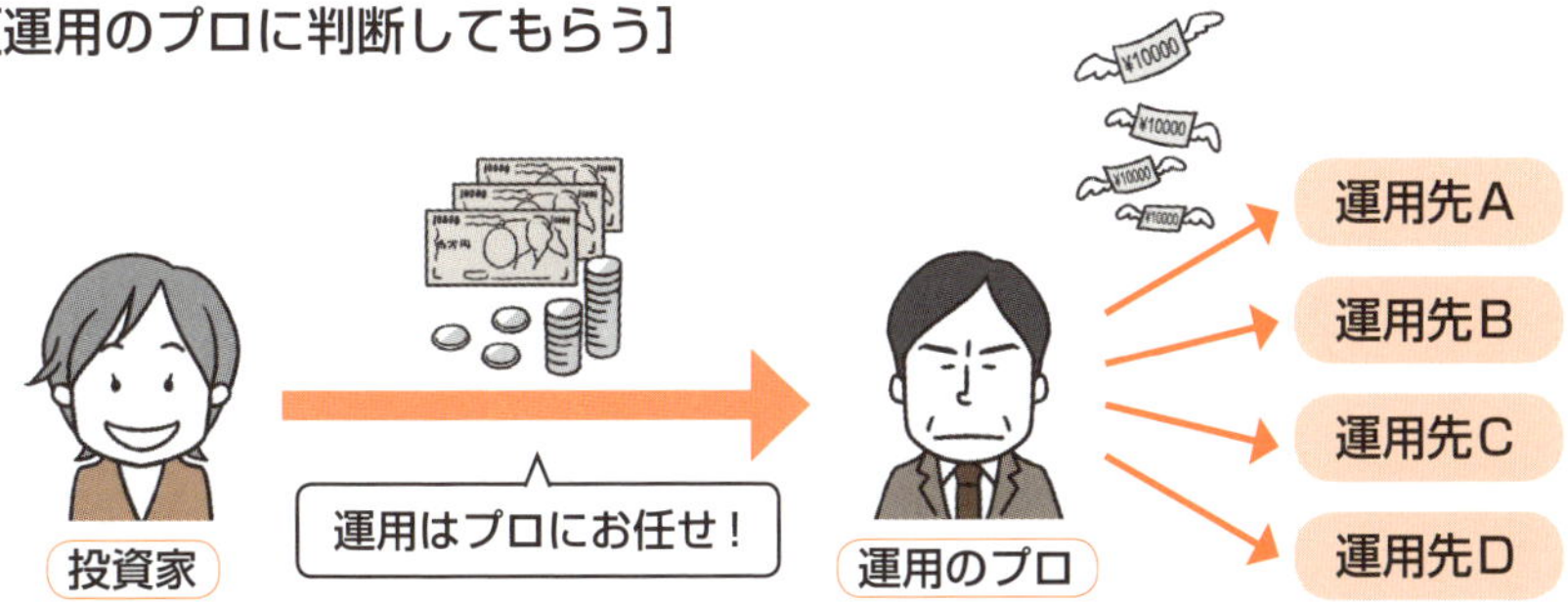
投資家
運用はプロにお任せ！
運用のプロ
運用先A
運用先B
運用先C
運用先D

[利回りのよい投資信託（トップ5）]

	商品名	リターン（年率）
1位	小型株ファンド	66.20%
2位	日興グローイング・ベンチャーファンド	65.58%
3位	SBI小型成長株ファンド ジェイクール	63.26%
4位	USバイオ・ベンチャー（限定追加型）	58.80%
5位	女性活躍応援ファンド	51.30%

03

さまざまな金融商品①

投資信託は株式や債券で運用される

▼さまざまな金融商品

投資信託のしくみについては、のちほど詳しく解説しますが、その前に主な金融商品について簡単に説明しましょう。投資信託は株や債券、コモディティ、外貨といったさまざまな金融商品によって運用されます。そのため、主な金融商品について知ることは、投資信託のしくみを理解するうえでとても重要なのです。

▼株式や債券への投資とは？

資産運用を考える場合、まず浮かぶのは「株式」への投資です。株式投資では、投資家は企業が行なう事業に必要な資金を出資します。投資家は、その見返りとして利益の一部を「配当金」として受け取ります。さらに事業がうまくいけば投資家が持つ株式は値上がりし、その恩恵を受けられます。

また、株式と似たしくみの金融商品として、「債券」もあります。債券への投資では、投資家は企業（または国や自治体）の事業に協力してお金を貸し付けます。株式投資と異なるのは株式が「出資」であるのに対し、債券は「貸付」である点です。債券は期限（満期）が来たら、利息をつけて投資家に返還されます。

株式は値動きが大きく、大きなリターンが期待できますが、企業の業績が振るわなければ損失が出るリスクもあります。一方、債券は企業の業績にかかわらず、安定したリターンが見込めるのが特徴です。

用語解説

満期

期限が来ること。一定の期日に達すること。また、その時期。債券に投資をした場合、満期になった時点で投資した金額が戻ってくる。

株式投資のしくみ

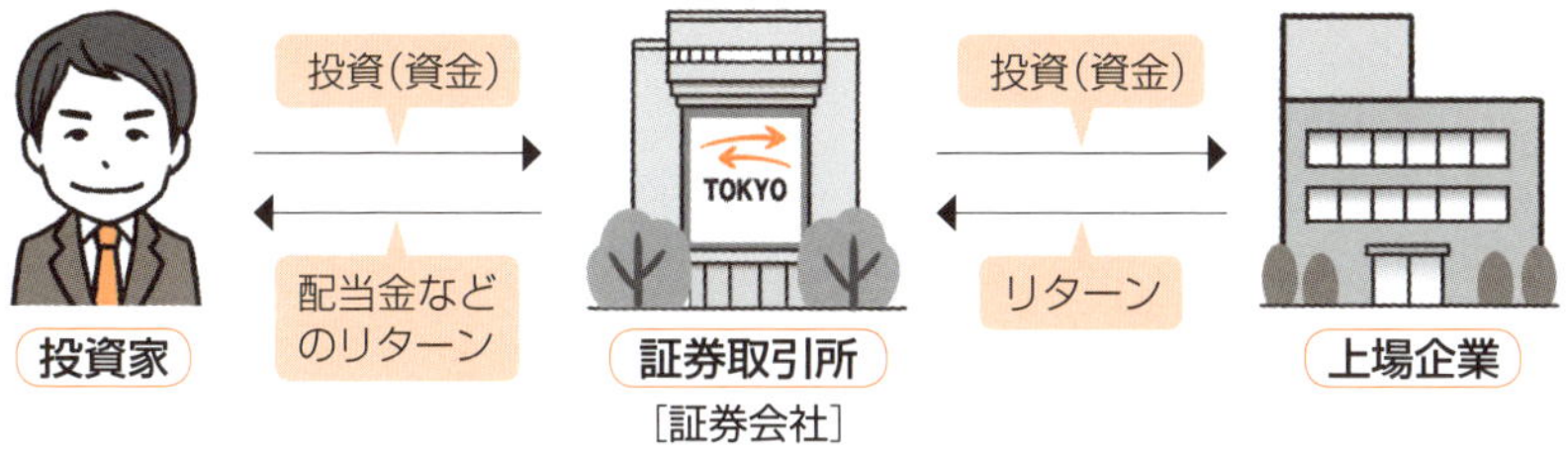

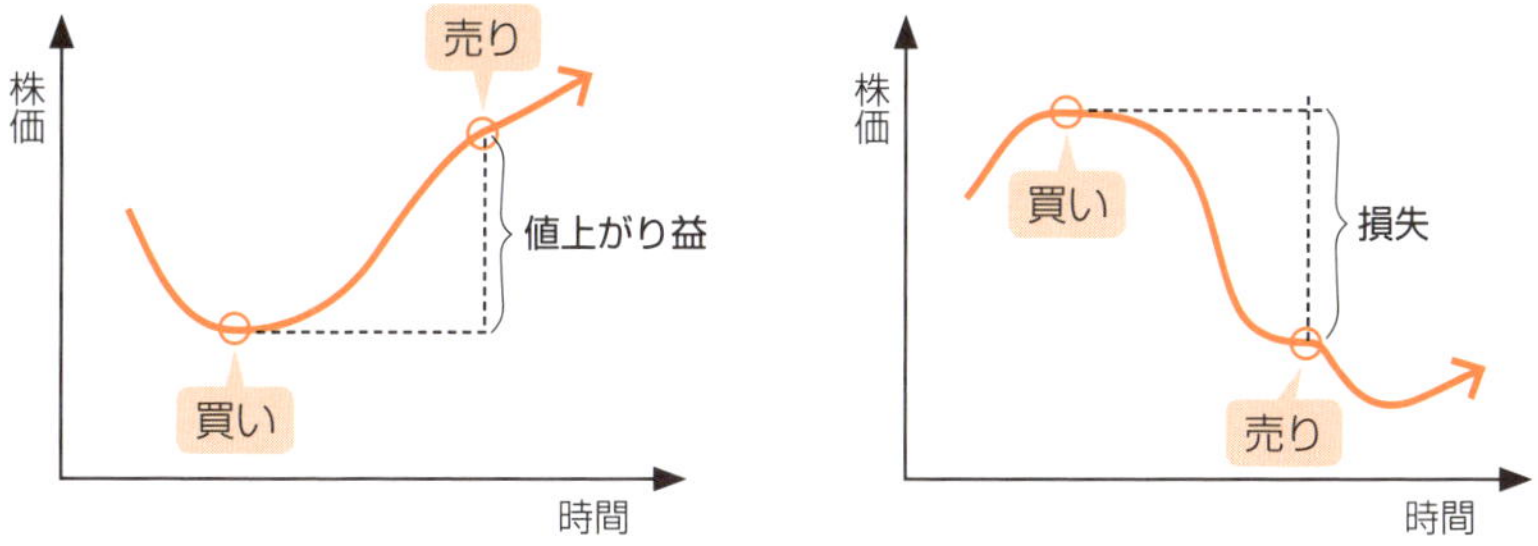

債券のしくみ

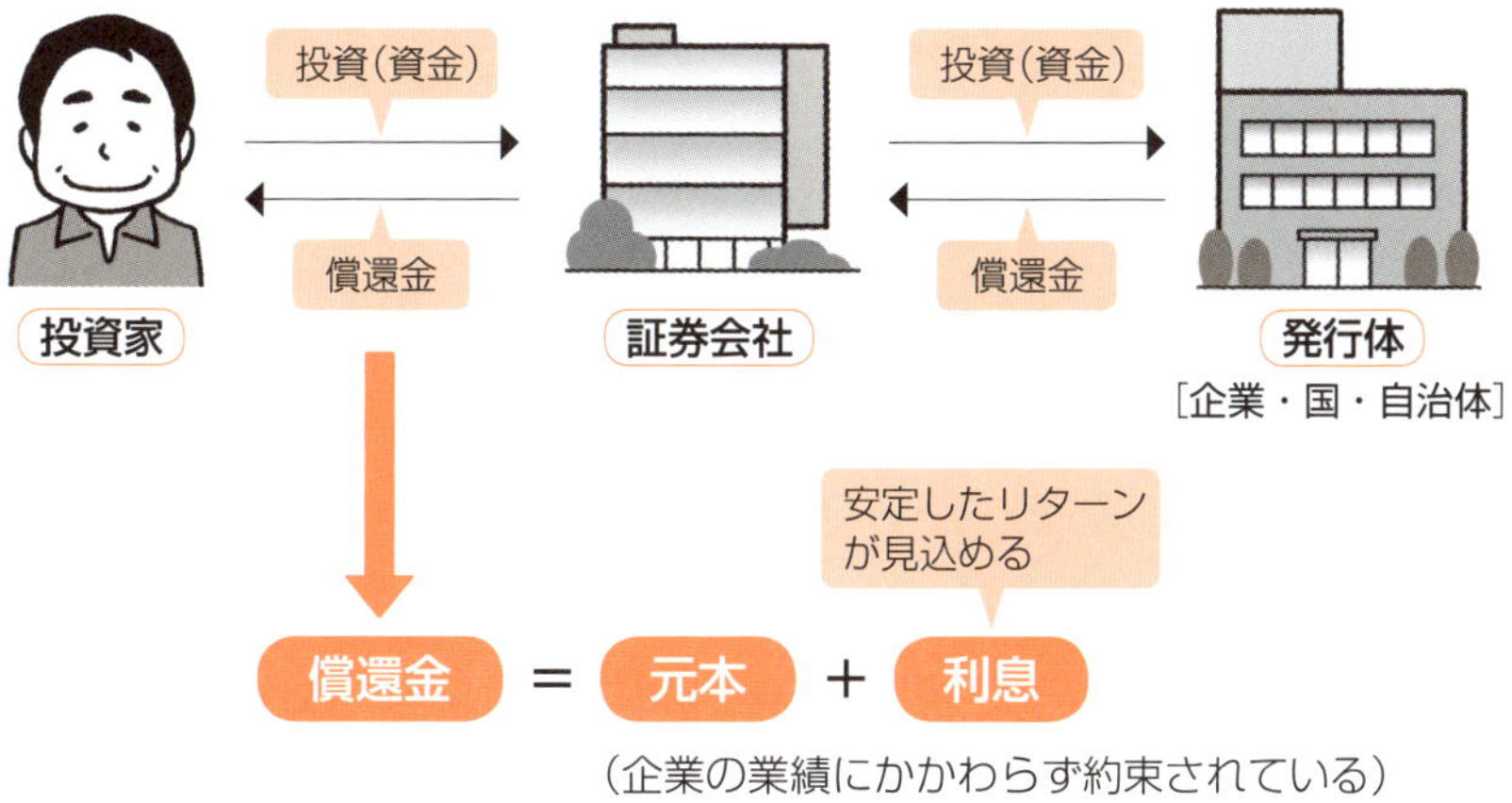

04

さまざまな金融商品②

コモディティや外貨でも運用される

▼コモディティは大きな利益が狙える

少額の資金で大きな取引ができる金融商品として、「コモディティ」があります。投資の世界では「商品」と呼ばれ、具体的には**金やプラチナといった貴金属、原油やガソリンといったエネルギー関連商品、トウモロコシや大豆といった穀物などを指します。**

商品は、世界の商品取引所で取引されています。ただし、実際に現物の商品を売買するのではなく、「一定の金額で買って、その後売って」決済し、「売ったものは買い戻して」決済するという、売買の差額で利益を求める取引です。この売買を「差金決済」といいます。

少額の資金でも大きな投資が可能ですが、大きな利益を狙える代わりに、リスクも大きくなります。

▼外貨は為替差益も狙える

日本国内の金利は低金利が続いており、銀行預金ではわずかな利息しかつきません。そこで高金利の「外国通貨（外貨）」で預金する投資法もあります。

また外貨では、**利息だけでなく為替差益もリターンとして期待できます。**為替差益とは、為替相場の変動によって得られる利益のことをいいます。価格の低いときに外貨を買い、価格が高いときに売れば、その差額分が利益となります。ただし、売るときに価格が下がっていれば損失を抱えるリスクもあります。

用語解説

差金決済

現物や現金の受け渡しをせず、反対売買による差額の授受で決済すること。商品先物取引や外国為替証拠金取引（FX）などで差金決済が行なわれている。

商品先物取引のしくみ

[金の取引の場合]

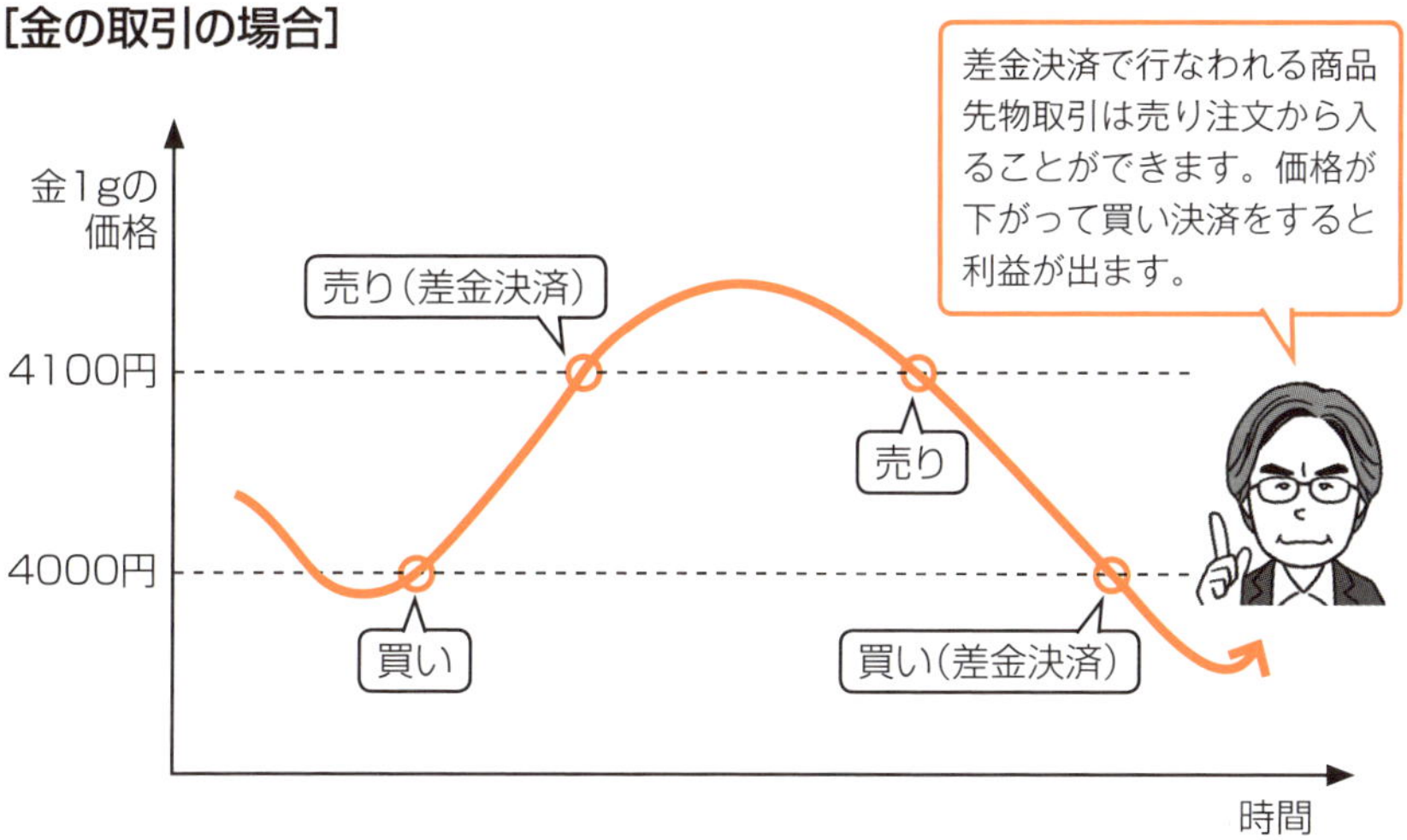

「1g=4000円」で買って、「1g=4100円」で売ると100円の利益が出る(現物取引)。

商品先物取引はレバレッジ(てこ)によって投資金(証拠金)の何倍もの取引を行なう(差金決済取引)。

ハイリスク・ハイリターン

外国通貨預金投資のしくみ

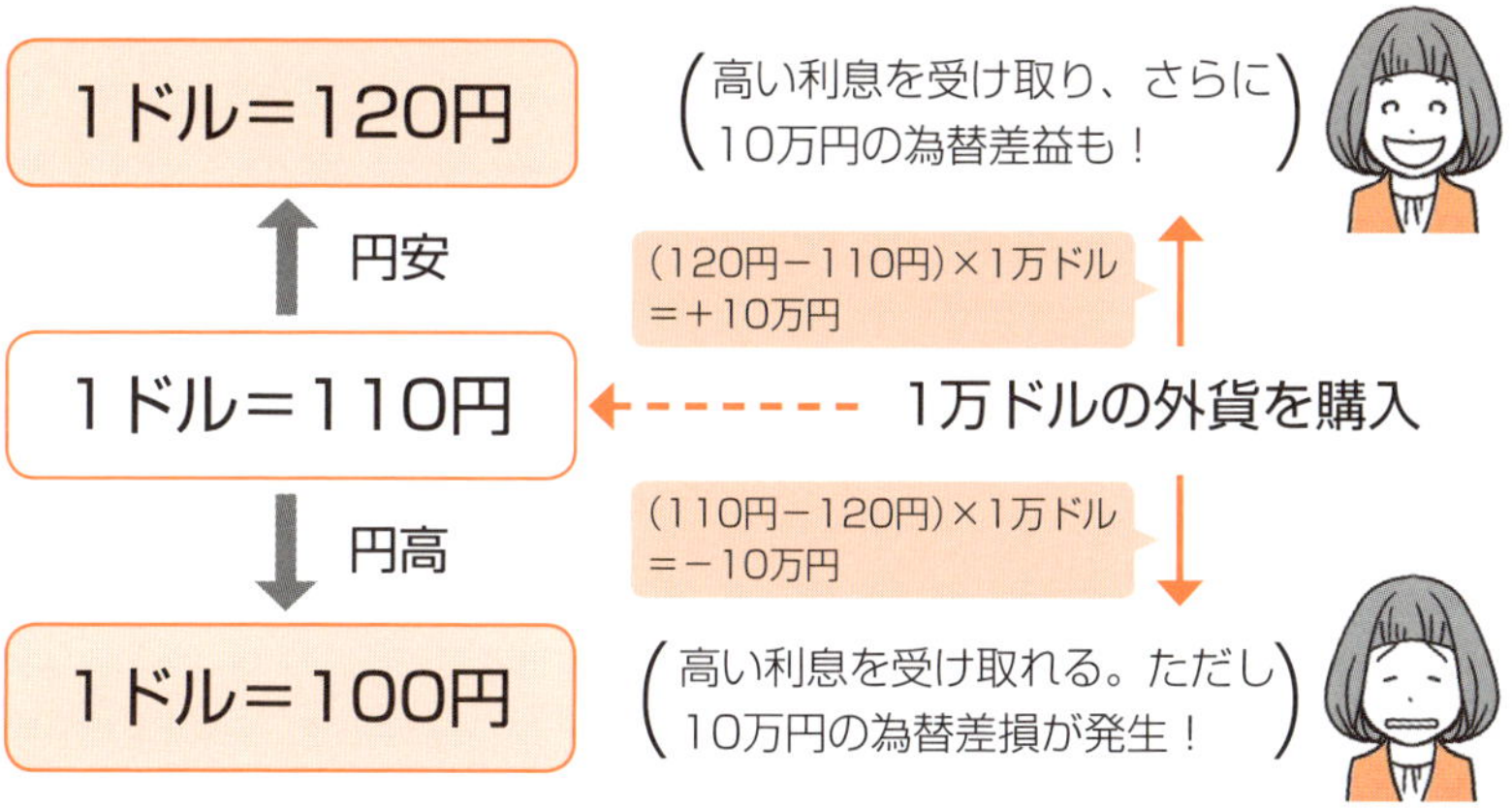

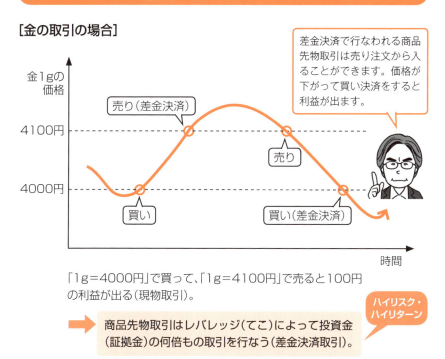

05

そもそも投資信託って何？

投資家から資金を集めてプロが運用する

6000近くの種類がある

では、ここからは投資信託について説明していきましょう。投資信託（投信）は「ファンド」とも呼ばれ、**不特定多数の投資家が出資したお金を、先に説明した株や債券、外貨、コモディティといったさまざまな金融商品で運用**します。この投資家から集めた資金の運用を担当するのが、金融の専門知識を備えたファンドマネジャーです。

投資家は、運用によって得られた利益を元金とともに還してもらうことで、利益を受けることになります。投資信託は、その運用方針によってさまざまな種類があり、その数は日本だけでも6000近くにあります。

運用先は多岐にわたる

投資信託の運用先は多岐にわたります。国内の株式や債券はもちろん、**海外の金融商品で運用されるものもあり、商品選択の幅が広い**のも大きな特徴です。

投資信託はこの運用先によってその種類も決まり、運用先の状況によって得る利益も違ってきます。つまり投資家に還元される利益も運用先によって上下するわけです。投資家が得られる利益は、運用を任せるファンドマネジャーの腕にかかってきます。そのため投資信託を購入して資金の運用を任せようとするとき、**投資家はその運用実績や方法をチェックすることも必要**です。

用語解説

ファンドマネジャー

金融資産を運用する専門家で、投資信託（ファンド）の運用を行なう人のことをいう。具体的には運用会社や金融機関に所属し、集めた資金の運用するファンドの担当者を指す。

投資信託のしくみ

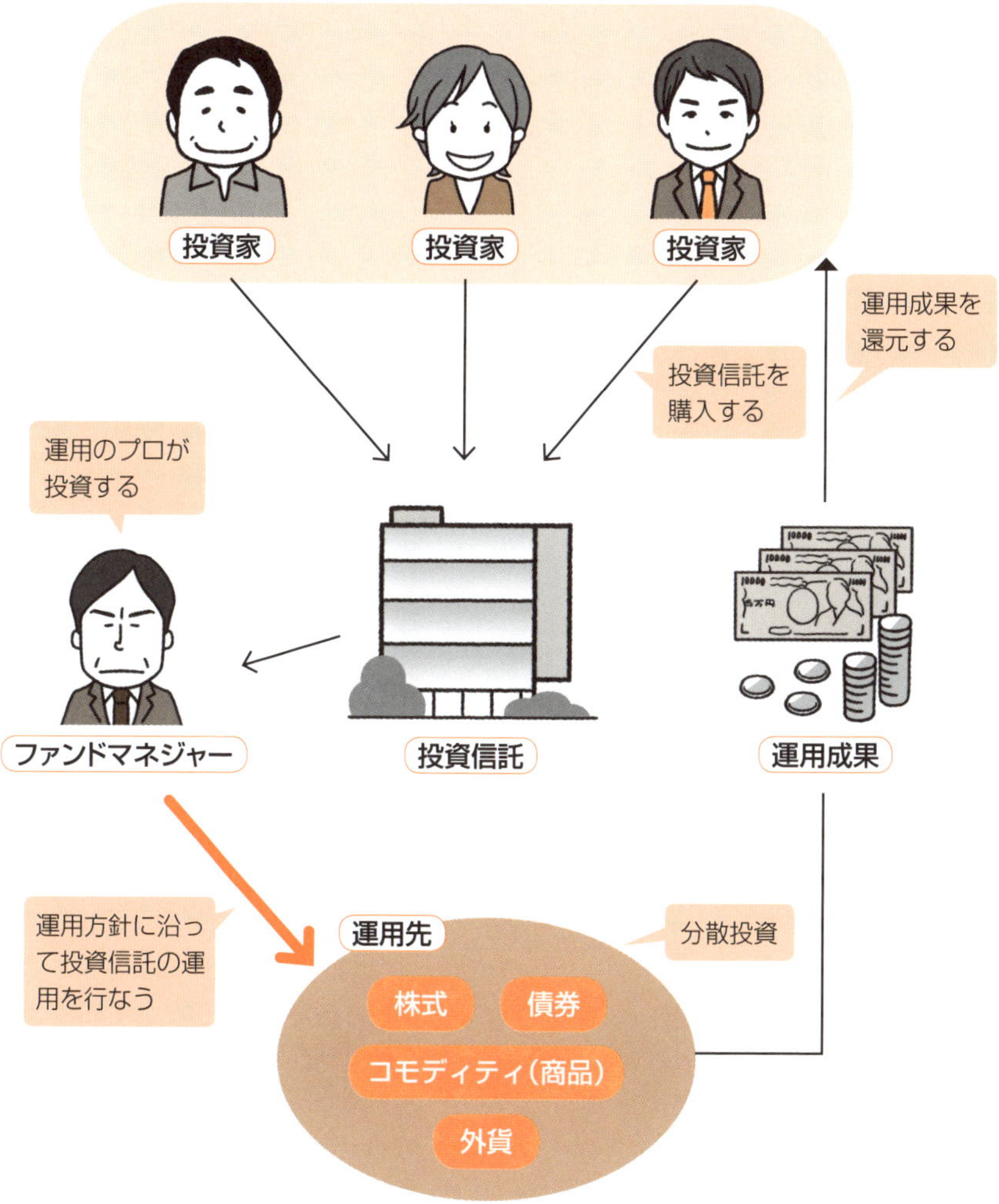

投資信託では日本国内の株式や債券だけではなく、外国の株式や債券なども投資先になります。外国とはアメリカなどの先進国はもちろん、中国やインドといった新興国も含まれます。

06

ファンドの設定から販売まで

投資信託の構造を理解しよう

▼業務にかかわる3つの組織

一つの投資信託が商品化されて販売される過程には、複数の会社がかかわっています。

まず**投資信託を商品化する会社は「運用会社」**といわれ、そこで運用のプロであるファンドマネジャーが投資信託の投資方針などを決めます。運用会社は主に投信委託会社がその任を担っています。このようにして設定された投資信託は、**販売会社（38ページ参照）を通じて一般の投資家に売られていきます。**

そして**投資家から集めた資金は「管理会社」（信託銀行）で分別管理されます。**また運用会社の指示を受けて金融商品などの売買を行なっています。

▼投資家は販売会社から買う

これらの組織の中で、**投資家が接するのは証券会社や銀行などの販売会社**です。投資家の口座を管理するのはもちろん、投資資金の預け先となったり、分配金や償還金を投資家に支払ったりするのも、この販売会社によって行なわれます。また、**運用会社は金融・経済に関するさまざまなデータを集め、分析して投資方針を決めます。**その方針を信託会社に伝えます。

なお購入した投資信託は、かつては投資家の権利を示す証書として受益証券が発行されていましたが、今では振替口座にデータとして記録されるだけになりました。

用語解説

受益証券

投資信託の利益を受ける権利（受益権）を表わしたもので、有価証券の一つ。証券会社を通じて投資家に交付される。

投資信託にかかわる3つの会社

取引を始める前に、まず投資信託にかかわる会社（販売会社・運用会社・管理会社）とその役割、お金の流れを理解しましょう。

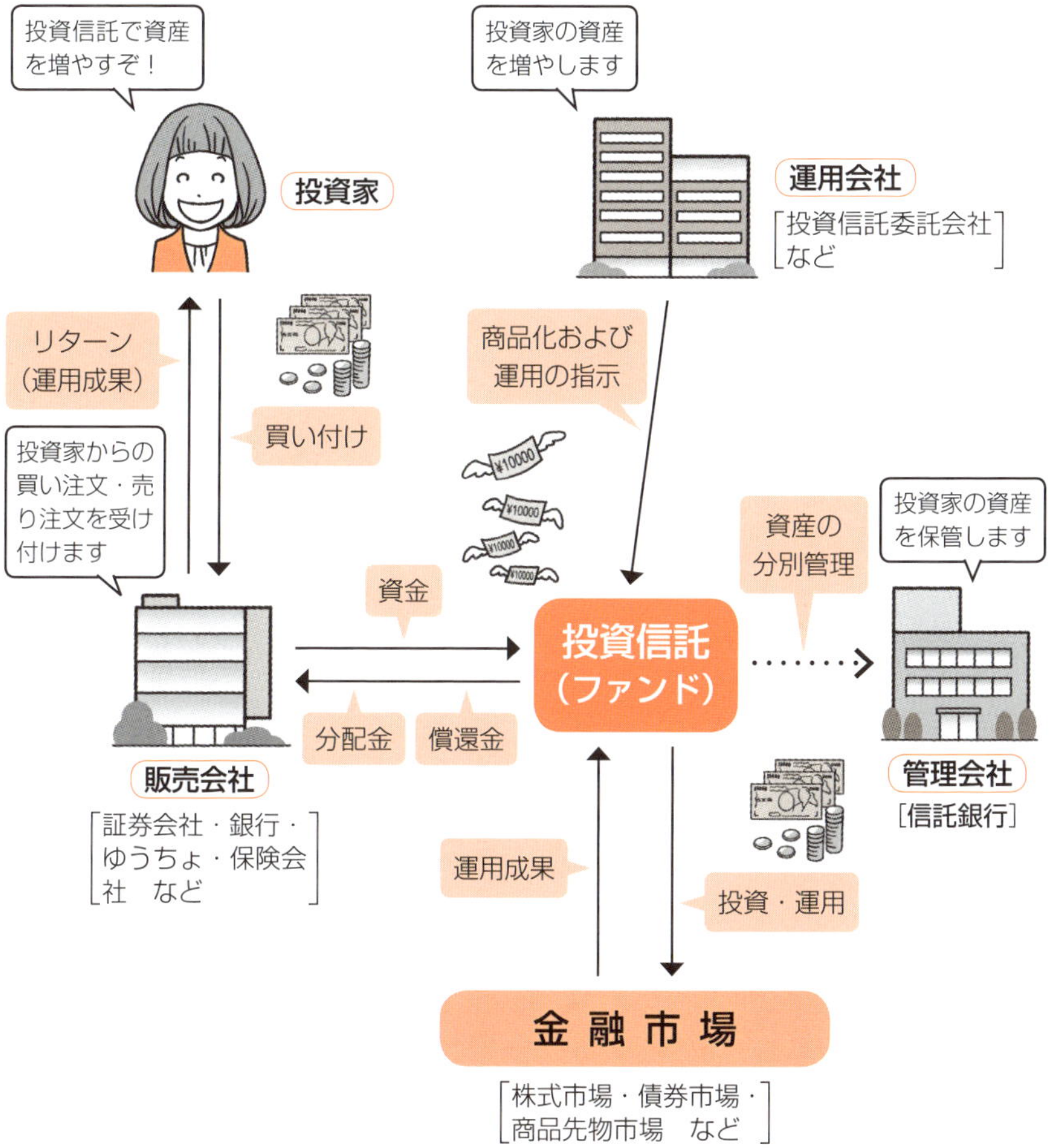

金融機関は投資家から預かった資産について、自社の資産と分別管理することが法律で義務づけられています。そのため、販売会社や運用会社などが破綻した場合も、投資家の資産は投資家に返還されます。

07

投信信託はどこで購入するの？

証券会社のほか郵便局や銀行でも買える

▼投資信託は販売会社から購入する

投資信託は証券会社だけではなく、郵便局や銀行でも購入できます。これらの投資信託を売っている金融機関を特に「販売会社」といいます。

ただし各販売会社で6000近くある投資信託のすべてを買えるわけではありません。販売会社によって扱っている投資信託は異なるため、投資家はまずどのような金融商品を買うかを決めなければなりません。また購入方法も、販売会社の窓口で買うのか（対面取引）、インターネットを通して買うのかを決める必要があります。インターネット経由のみでの売買ができるネット証券も販売会社の一つですが、コスト面では得な反面、きめ細やか応対という面では対面取引に及びません。

▼販売会社選びのポイント

まずは自分が購入したい投資信託を明確にしましょう。安全性の高い商品なのか、高リターンを狙う商品なのかなどを考えながら、販売会社の取り扱いラインナップから投資信託の特徴を確認していきます。商品内容は販売会社のウェブサイトや評価サイト（116ページ参照）でも確認できますが、対面取引の場合は直接説明を受けることもできます。

なお、同じ投資信託でも販売会社によって手数料が異なる場合があります。そのため細かい点まで確認するようにしましょう。

用語解説

ネット証券

インターネット証券会社の略称で、インターネットを通じてオンライン株式取引の場を提供する証券会社のこと。現在では個人投資家の9割以上がネット証券経由である。

販売会社の種類と特徴

銀行・ゆうちょ（対面取引）

メリット

- 販売担当者に対面で相談できる
- 普段、利用している金融機関で取引できるため、投資信託以外の資産運用についても相談できる

デメリット

- 販売手数料が高い
- 取り扱う投資信託の種類が少ない
- 投資のプロが対応するとはかぎらない

一から教えてもらいたい人におすすめ！

証券会社（対面取引）

メリット

- 対面で相談できるので、商品の説明を直接聞くことができる
- 銀行・ゆうちょに比べると、投資の知識や経験が豊富な販売担当者が多い

デメリット

- 販売手数料が高い
- 取り扱う投資信託の種類が、系列の運用会社の商品中心の場合がある

運用会社（直販）

メリット

- 運用方針が明確である
- 管理コストなどが安めに設定されている場合がある

デメリット

- 購入できる投資信託が限定される
- 直販を行なっている運用会社が少ない

投資の知識がある人におすすめ！

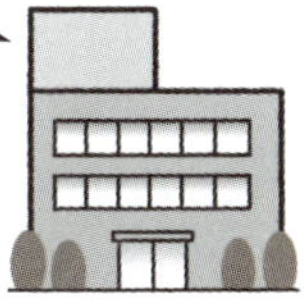

ネット証券

メリット

- 販売手数料が安い
- 取り扱う投資信託の種類が多い

デメリット

- 自分で投資の判断をする必要がある

投資信託には多くの種類があり、販売会社によって取り扱う商品が異なります。株式を中心に投資されているものもあれば、債券やコモディティに投資されているものもあります。選択肢はいくつもあるので、比較検討をしてみましょう。

08 投資信託の儲け方
譲渡益と分配金で利益を出す

▼値上がりを期待して譲渡益を狙う

投資信託での儲け方は、**「譲渡益」を狙う方法と、「分配金」を狙う方法**の2種類があります。譲渡益の場合は解約時や償還時に一括して利益が還元されますが、分配金の場合は定期的に少しずつ還元されます。

まず、譲渡益で儲ける方法から説明しましょう。譲渡益とは、保有する金融商品を売却したときの利益のことで、「キャピタルゲイン」ともいいます。投資信託で譲渡益を狙う場合、株式投資などのように、投資家はこれから**値上がりしそうなファンドを選んで購入し、価格が上昇したところで解約（売却）する**と利益を得ることができます。

▼定期的な分配金で儲けを出す

分配金は運用によって得られた利益を、投資した口数に応じて投資家に配分するしくみ。**投資家は定期的に分配金を受け取り、利益を得ます。**ただし、投信によって分配金の支払い時期や回数は異なります（分配金がないものもある）。また、受け取った分配金を再投資することもできます（110ページ参照）。

なお投資信託には、運用期間が決まっているものと、無期限のものがあります。例えば2年以内に償還される短期運用向きの商品も。商品選択の際は、値上がりを期待して譲渡益を狙うのか、分配金をもらいながら長期でじっくり運用するのかなどを考慮しましょう。

用語解説

償還

投資信託の運用期間が終了し、信託財産（運用管理する資産）の清算を行なって投資家にお金を返還すること。

譲渡益と分配金で利益を狙う

[譲渡益]⇒購入した基準価額よりも高くなったところで売れば利益が出る

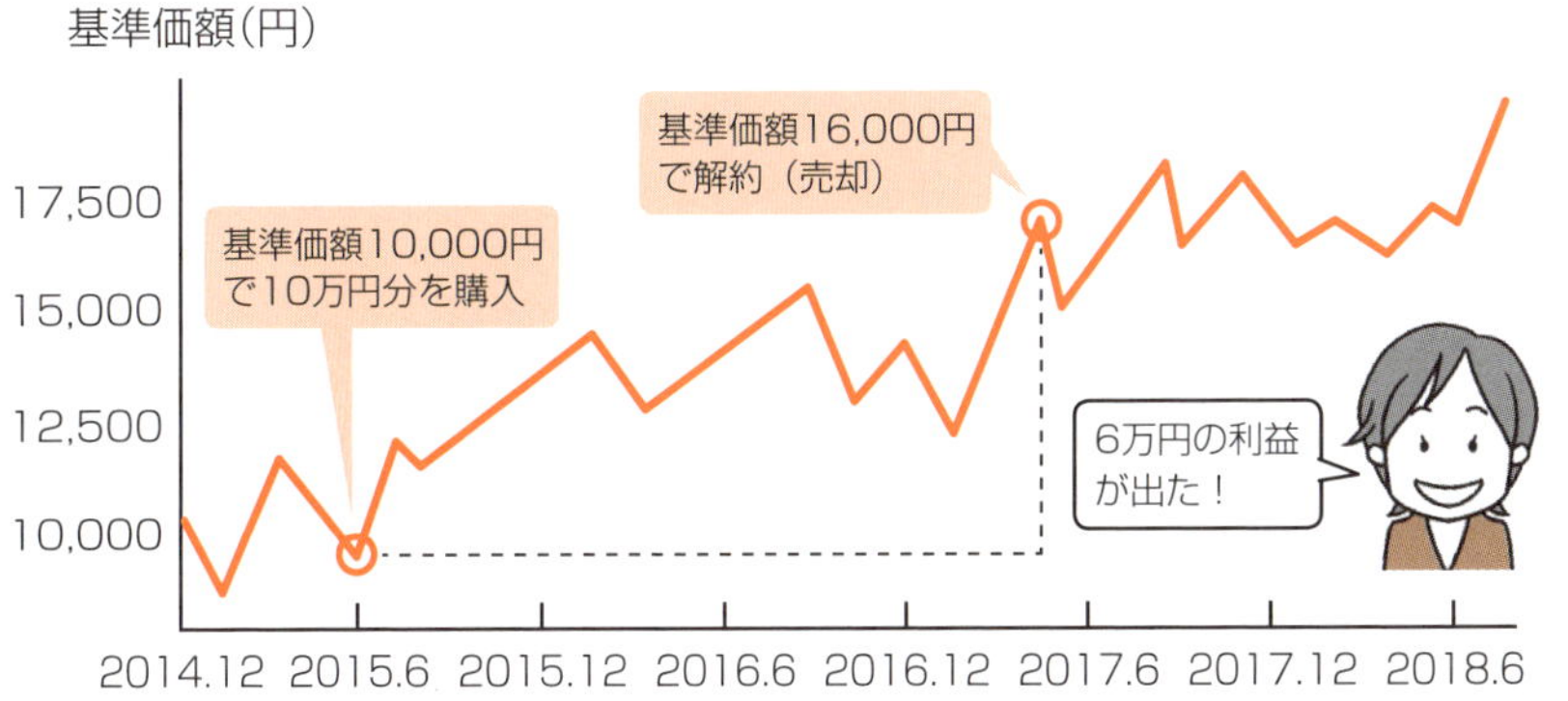

※上記は手数料や税金等は含まない概算値

[分配金]⇒定期的に分配金を受け取ることで利益を得る

償還まで保有せずに、値上がりしたところで解約して利益（譲渡益）を確定させたい場合、投資家は「信託財産留保額」を支払います（64ページ参照）。しかし、解約する人が続出するとファンドの純資産額が減って基準価額は下落します。信託財産留保額は、それを防ぐためのいわば「解約ペナルティ料」。このペナルティ料はファンドの純資産額に加えられます。つまり、長期保有の投資家が不利ならないように徴収される手数料なのです。

09

投資信託の運用期間

目的に合わせて保有期間を定めよう

▼目的によって運用期間を決める

一般に投資信託での運用期間は、短期運用であれば数カ月〜3年、中期運用であれば3〜6年、長期運用であれば6〜15年が目安とされます。この運用期間は人によって異なるため、お金を増やす目的によって決めましょう。例えば結婚式の費用やマイホームの購入資金、老後の生活資金の準備など、それぞれのライフステージに合わせて購入する投資信託の種類と保有期間を選択します。

また、投資を始める年齢によって、長期で保有するか短期で保有するかも違ってきます。例えば20代であれば、運用する時間はたっぷりあるため、運用期間が3年を超えても「短期運用」と感じるかもしれません。しかし60代であれば、5年でも「長期運用」という感覚になるかもしれません。

▼時間をかけて資産を育てる

短期運用であれば、多少のリスクを取ってでもハイリターンを狙ってもよいでしょう。一方長期運用であれば、ローリターンでも時間をかけて資産を大きく成長させることを考えます。運用期間とリスク、リターンのバランスで運用方針を決めましょう。

ただし、短期で売買を繰り返しながら利益を出すのは簡単なことではありません。投資信託をこれから始める人であれば、まずは中・長期の運用から考えましょう。

用語解説

信託期間

運用が開始する設定日から、終了する償還までの期間を指す。期間は投資信託によって異なり、無期限のものもある。長期運用の場合、信託期間が長いものを選んだほうがよい。

投資信託のリスクと運用期間

投資信託にはさまざまな種類があります。まず考えることは、投資目的をはっきりさせること。「投資目的」が決まると「運用期間」が決まります。そして運用期間が決まれば、目指すリターンや許容できるリスクが見えてきます。

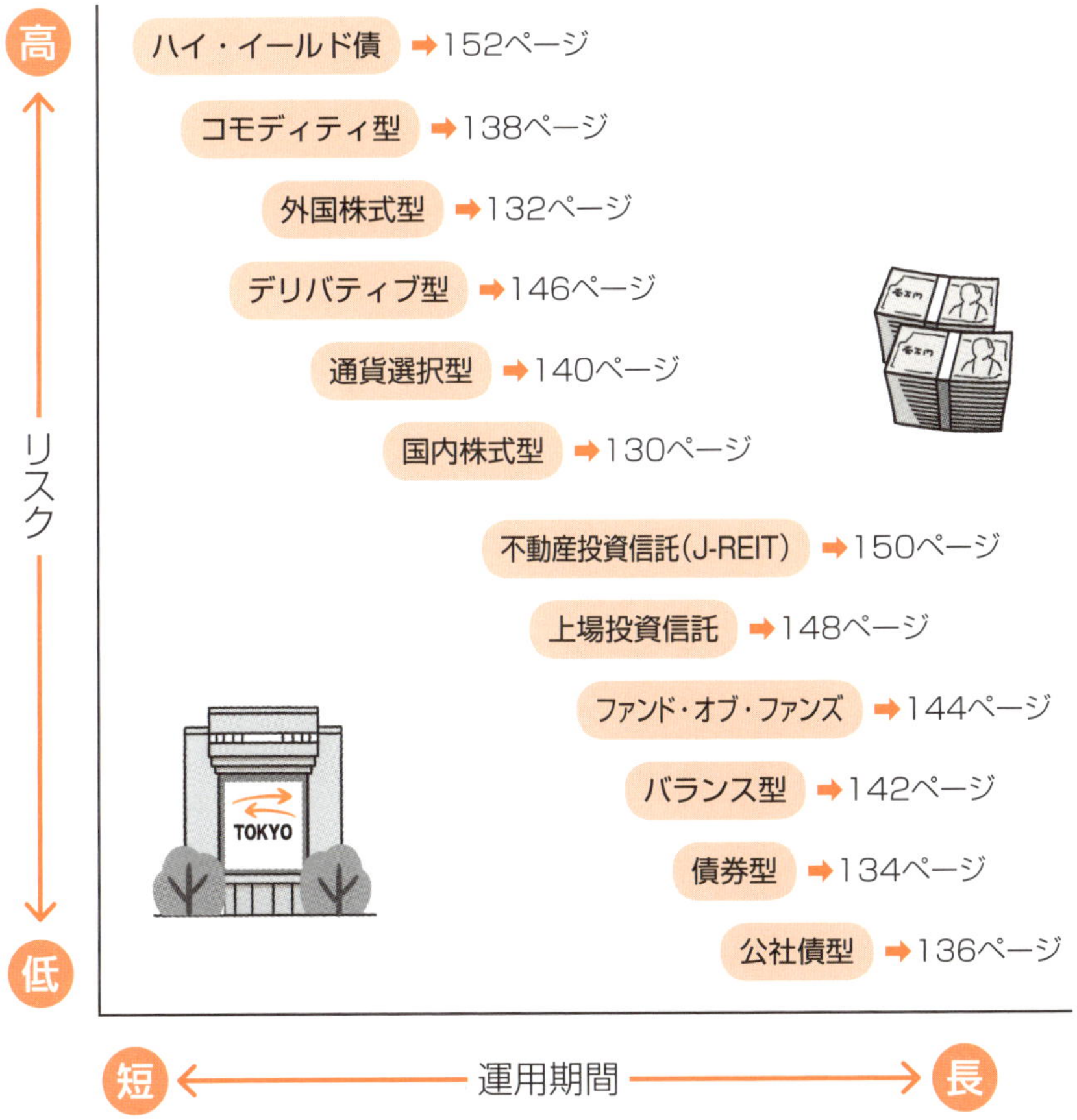
高
リスク
低
ハイ・イールド債 ➡152ページ
コモディティ型 ➡138ページ
外国株式型 ➡132ページ
デリバティブ型 ➡146ページ
通貨選択型 ➡140ページ
国内株式型 ➡130ページ
不動産投資信託(J-REIT) ➡150ページ
上場投資信託 ➡148ページ
ファンド・オブ・ファンズ ➡144ページ
バランス型 ➡142ページ
債券型 ➡134ページ
公社債型 ➡136ページ
TOKYO
短
運用期間
長

どれくらいの期間で運用するか、どの程度のリスクを取るかは、人によって異なります。購入する投資信託は慎重に選びましょう。投資信託のタイプについては第4章で詳しく説明します。

10 どれくらいの資金が必要？
投資信託は少額でも始められる！

▼1000円から買える投信もある

投資信託のメリットの一つに、**少額から投資できる**点が挙げられます。株式投資の場合、たいてい数十万円の資金が必要です。最近では数万円から購入できる株式もありますが、ごく少数です。

一方、**投資信託はその多くが1万円から購入することが可能**で、毎月の積み立てで購入するタイプであれば1000円から始められる投資信託もあります。

「投資」と聞くと、株式投資に代表されるようにまとまった資金が必要だとイメージしますが、投資信託は少額から買える金融商品なのです。

▼投資先とリスクを分散させる

少額から投資できれば、資金を分散させて複数の商品を購入しやすくなります。このように、**資金をいくつかの金融商品に分けて投資するやり方を「分散投資」といいます。**それに対して、資金を一つの限られた金融商品に投じることを「集中投資」といいます。リターンを大きく狙うには集中投資がベターですが、大きなリスクを抱えることにもなります。その点、分散投資なら複数の金融商品がすべて値下がりする確率は低いため、リスクを抑えることが可能。実は**投資信託は複数の投資先で運用する前提で商品化されているため、そもそも分散投資的な性質を有しています。**

用語解説

リスク

「結果が不確実であること」を意味し、具体的にはリターン（収益）の振れ幅を指す。リスクとリターンは表裏一体であり、高いリターンを狙えば相対的にリスクも高くなる。

株式投資と投資信託の違い

[株式投資の場合]

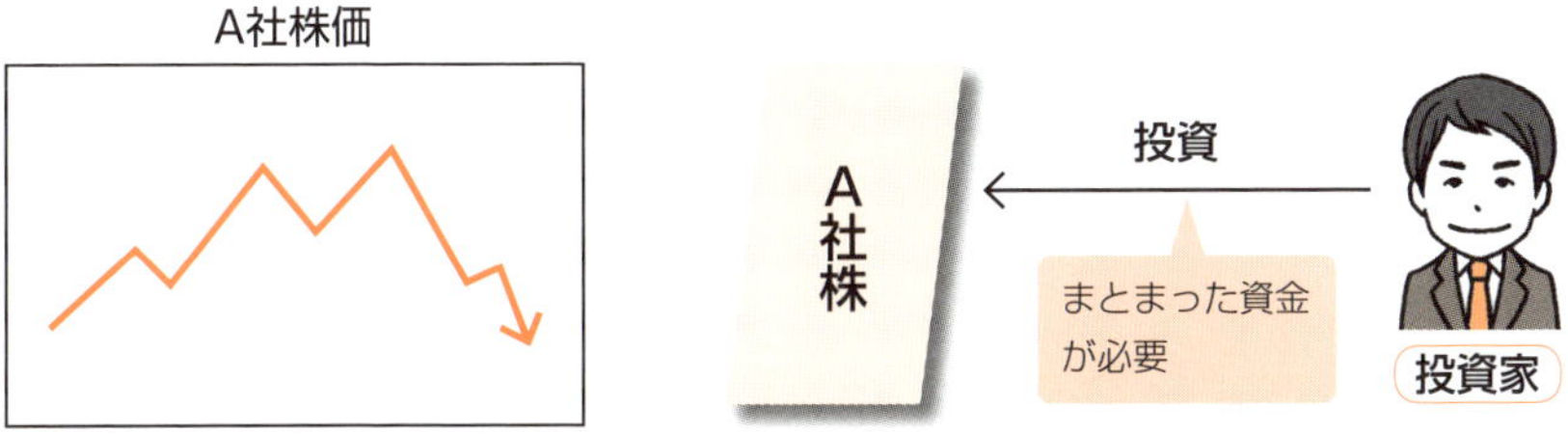

株価の動きが損益にダイレクトに反映される

時価5000円、売買単位100株の場合、**5000円×100株＝50万円**の資金が必要

[投資信託の場合]

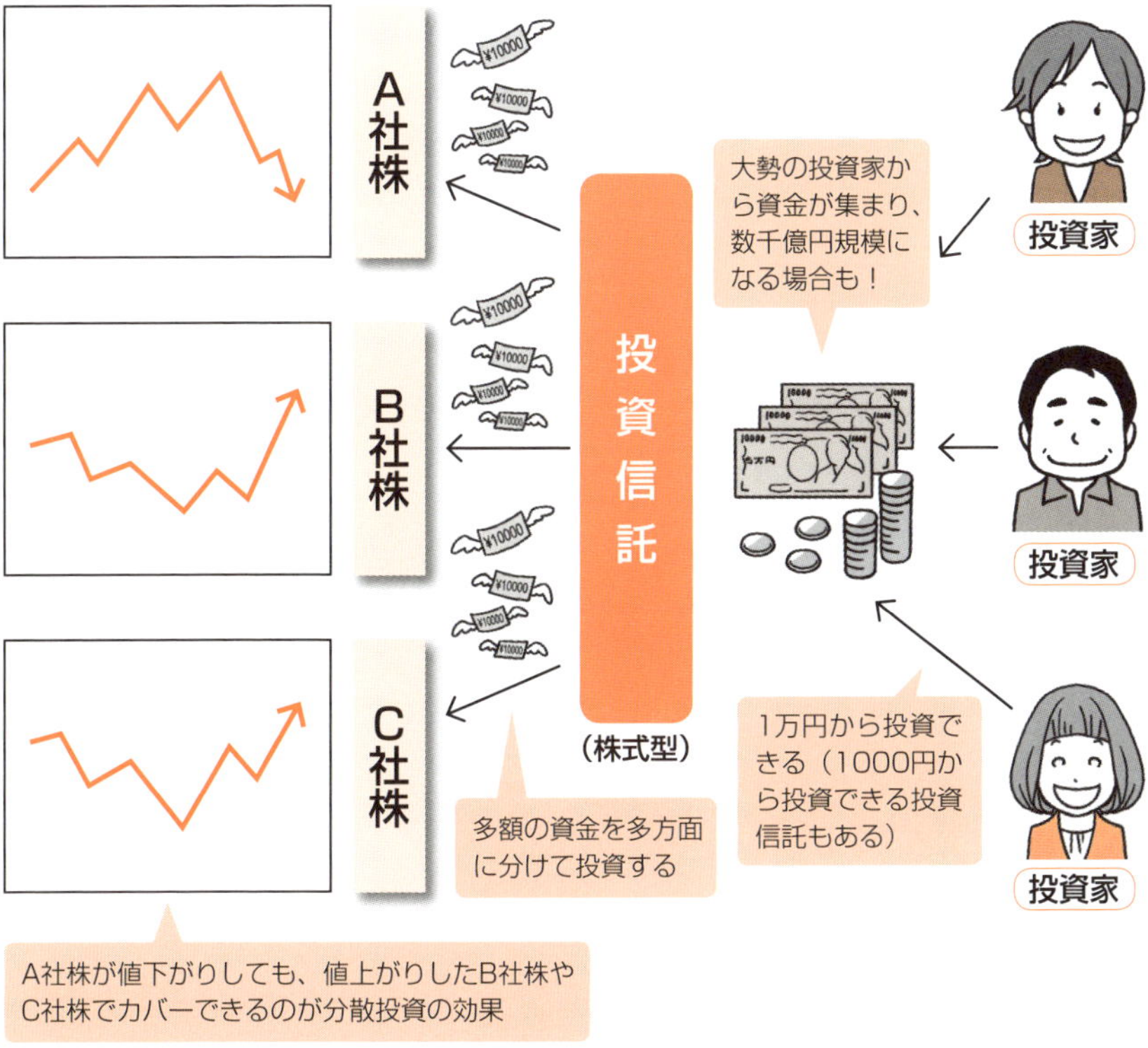

11

初心者でも投資しやすい

運用先の選定・調査は専門家にお任せ

▼運用先を決める専門家

投資を行なう際の最大のハードルの一つに、「どこに投資すべきか」という判断を下すことが挙げられます。

投資信託を選ぶ場合も同様のハードルが待ち受けていますが、ほかの金融商品と比較してそのハードルは著しく低いといえます。なぜなら、**投資信託の場合、運用会社が一般の投資家から集めた資金を、金融の専門家であるファンドマネジャーによって運用されるしくみ**になっているからです。

ファンドマネジャーは運用会社である投資信託会社や信託銀行などに所属し、投資の計画を立案します。

▼情報収集の手間が省ける

また運用会社には、ストラテジスト（投資戦略の専門家）やエコノミスト、リサーチアナリストといった各金融の専門家が存在し、高度なアドバイスや情報をファンドマネジャーに伝えます。つまり、**投資信託には多くの金融の専門家がかかわり、投資先の選定やポートフォリオなどを検討、実行するので、安心して任せられる**メリットがあります。

株式投資では自分で特定・個別の銘柄を選びますが、そのためには経済状況を予測したり、企業の経営状況を調べたりする必要があります。投資信託では**初心者にとって重荷となるそうした作業を省いてくれる**のです。

用語解説

ポートフォリオ

金融商品の組み合わせのことで、具体的な運用商品の詳細な組み合わせを指す。株式や債券などを組み合わせて構成する。

投資信託の運用はプロにお任せ

[個人投資家が金融商品に直接投資]

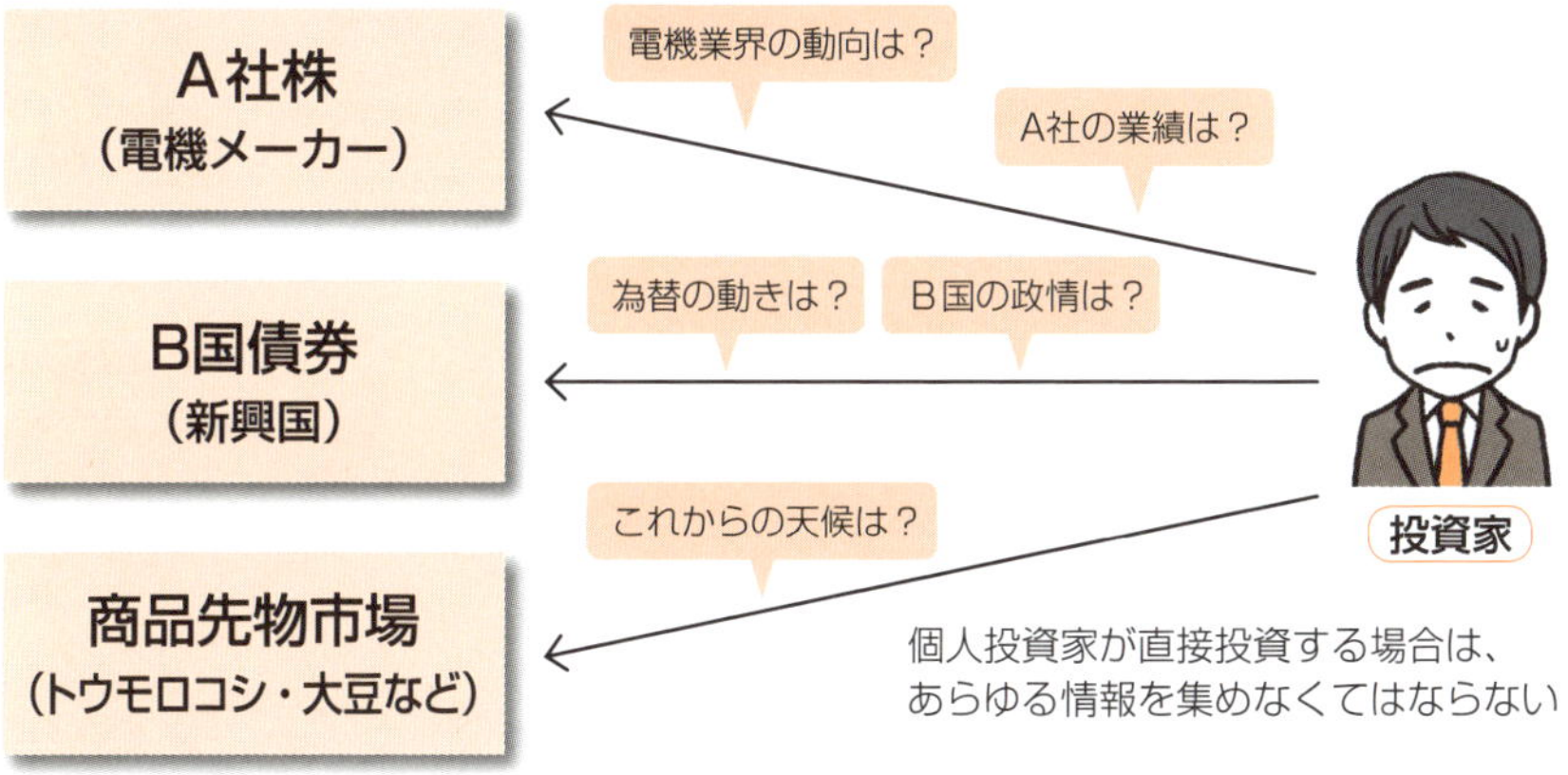

[投資信託の場合]

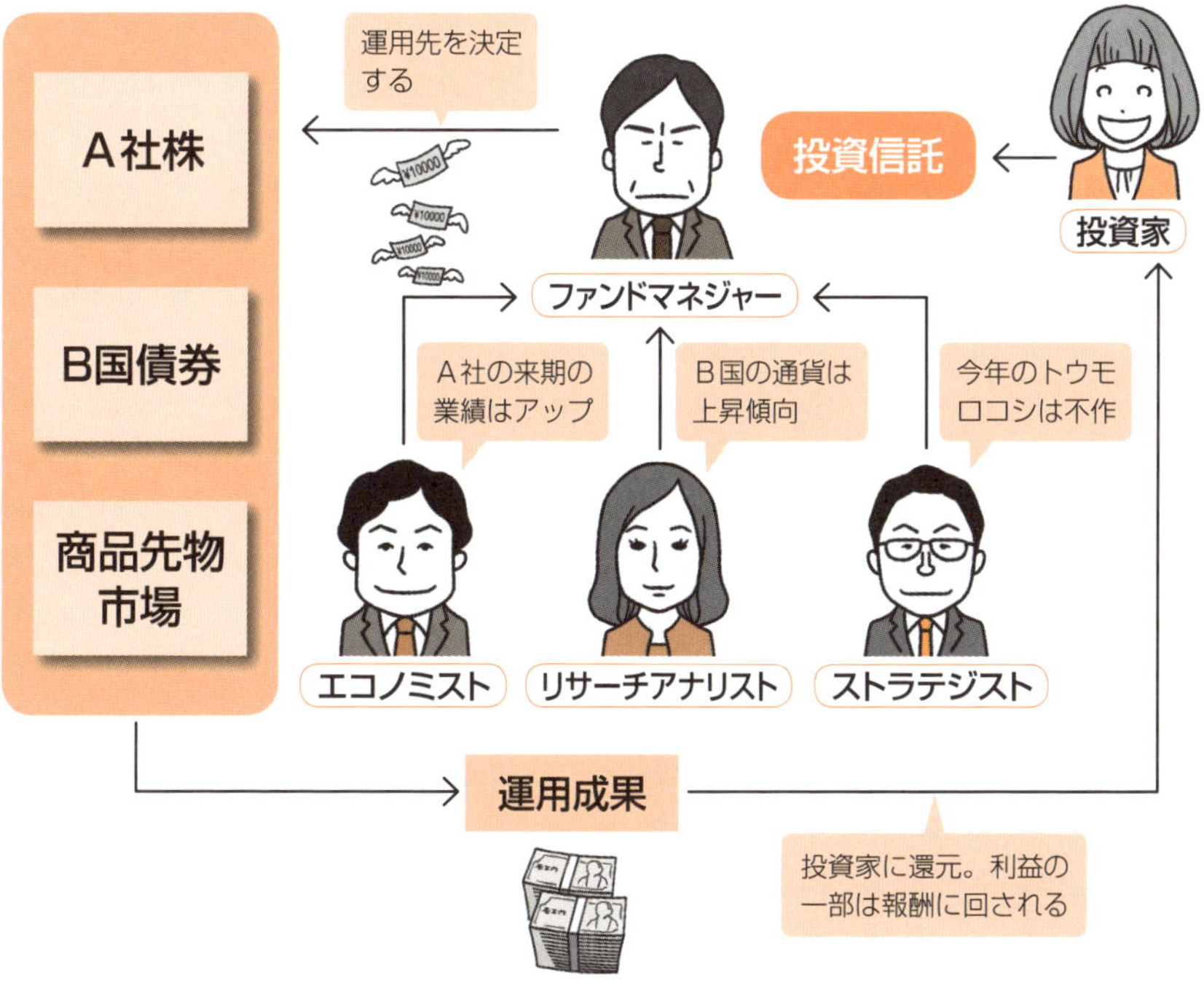

Chapter 02

投資信託の買い方・売り方

本章のポイント

知識ゼロのアナタでも
・買うときの見極め
・売るときの注意点
・発生するコスト
がわかる！

じゃあ早速投資信託を買いに行きましょう！
いやな予感
BANK
おー
え
すみません！投資信託くださいなー！
BANK
私もー
何なんだチミたち！
こらこらこら！
ズルズル
いいですか2人とも！投資信託はたしかに商品ですが普通の売り物ではなく金融商品です売買には専用口座がなければダメなんですよ
え？そうなの？
そーだよ！
早く言ってよ！じゃああらためて早速口座を開きにいきましょう！
来るなっ
BANK
こらこらこら！
ほかにも売買時の注意点やコスト面など事前に知っておくことがありますからね！話聞いてくださいね！
わかりました〜

01

投信の購入に必要な準備

まずは口座を開設しよう

▼口座は複数開くこともできる

投資信託を買いたいといきなり販売所を訪れても、すぐに購入することはできません。投資信託を購入するには、まず専用の口座を開設しなければならないのです。

口座は投資信託を購入する証券会社や銀行などで開設します。開設した販売所でしか買うことはできませんので、まずは買いたい金融商品の販売会社に口座を開きましょう。口座は複数カ所に開くことも可能で、どこの販売会社でも口座開設は基本的に無料です。

なおすでに証券会社などに取引口座が開設してあれば、その口座を使って投資信託を購入することも可能です。

▼資金を振り込めば購入準備OK!

新規で口座を開設する手続きは、販売会社の窓口やウェブサイトで行ないます。

窓口で手続きする場合、届印や免許証などの本人確認書類を持参すれば、その場で口座開設が可能です。一方、ウェブサイトで手続きする場合は、後日、関係書類が送られてきます。必要事項を記入し、本人確認書類のコピーを同封して返送しましょう（免許証の画像をアップロードしてウェブサイト上で手続きが完結する場合もある）。その後、取引に必要な口座番号や取引暗証番号なども送られてきます。指定された振込口座に投資資金を振り込めば投資信託を購入することができます。

用語解説

口座開設キャンペーン

新規で口座を開設すると、証券会社や銀行などでは口座開設キャンペーンとしてキャッシュバックや無料サービスなどの特典を受けることがある。

投資信託を購入する口座を開設しよう

投資信託を購入するには、証券会社や銀行などに専用の口座を開設することが必要です。証券会社で口座を開設する場合で説明しますが、ほかの銀行などの場合も手順はそれほど変わりません。

①「口座開設」をクリックする

証券会社などのウェブサイトを開き、「口座開設」をクリックする。

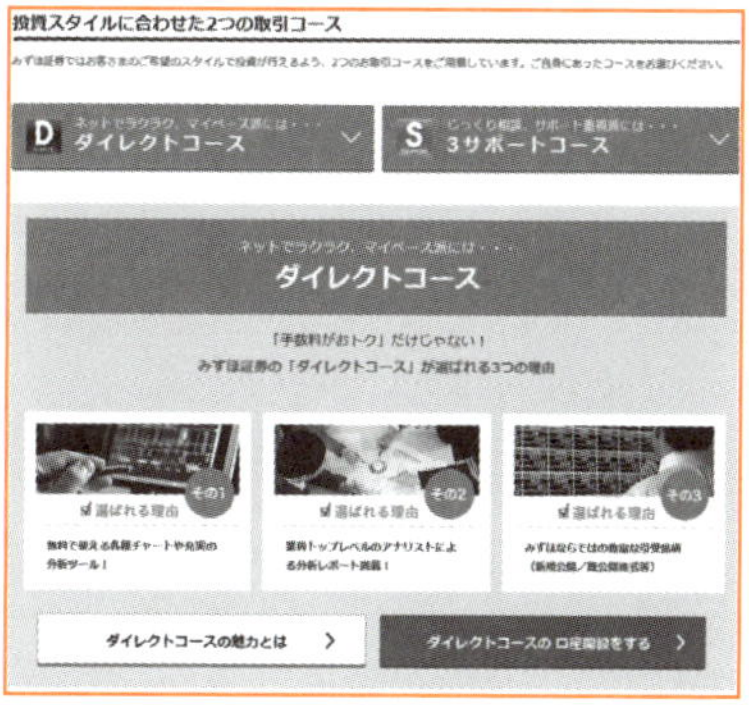

②取引方法を選択する

ネット取引か、対面取引かを選択する。

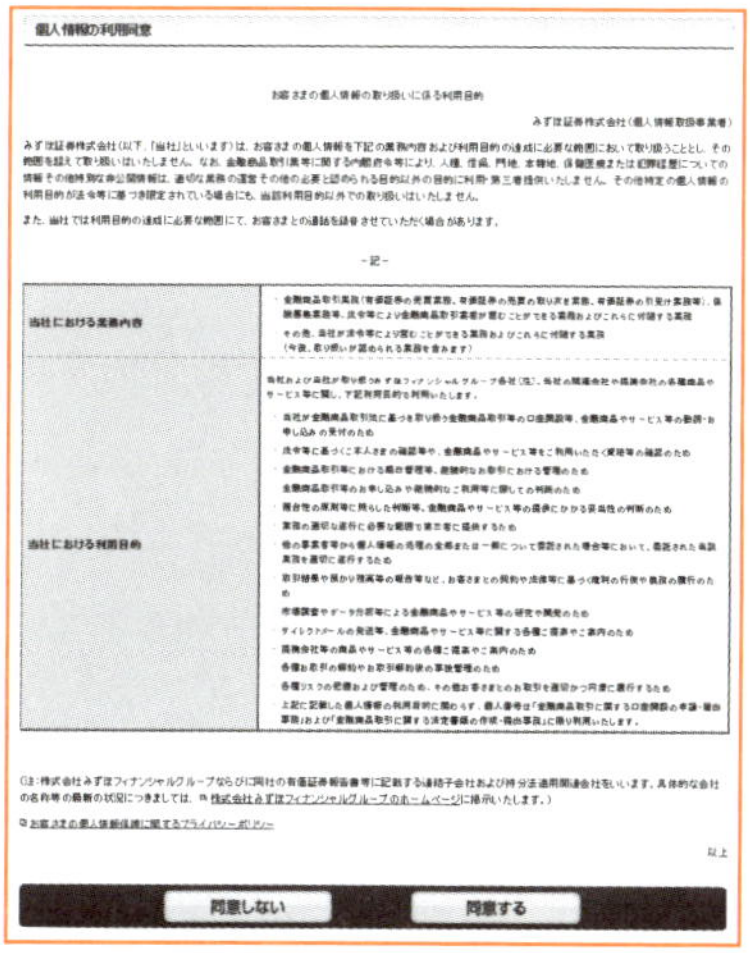

③「同意」をクリックする

個人情報の利用同意を求められる。口座を開設するには「同意」をクリックする。

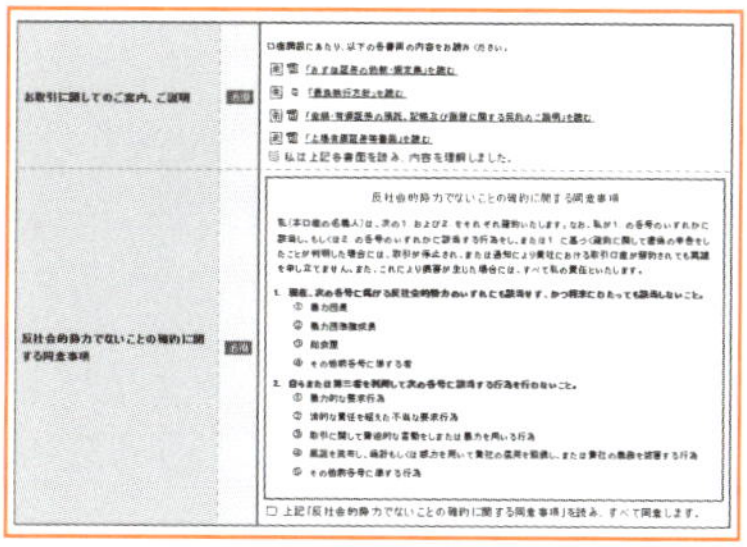

④約款・規約を読む

取引に関しても説明が紹介される。「約款・規約」を読み込む。

⑤基本情報を入力する

氏名、生年月日、住所などの基本情報を入力する。またマイナンバーと本人確認書類（運転免許証やパスポートなど）を提出しなければならないので、提出する書類を選択する。

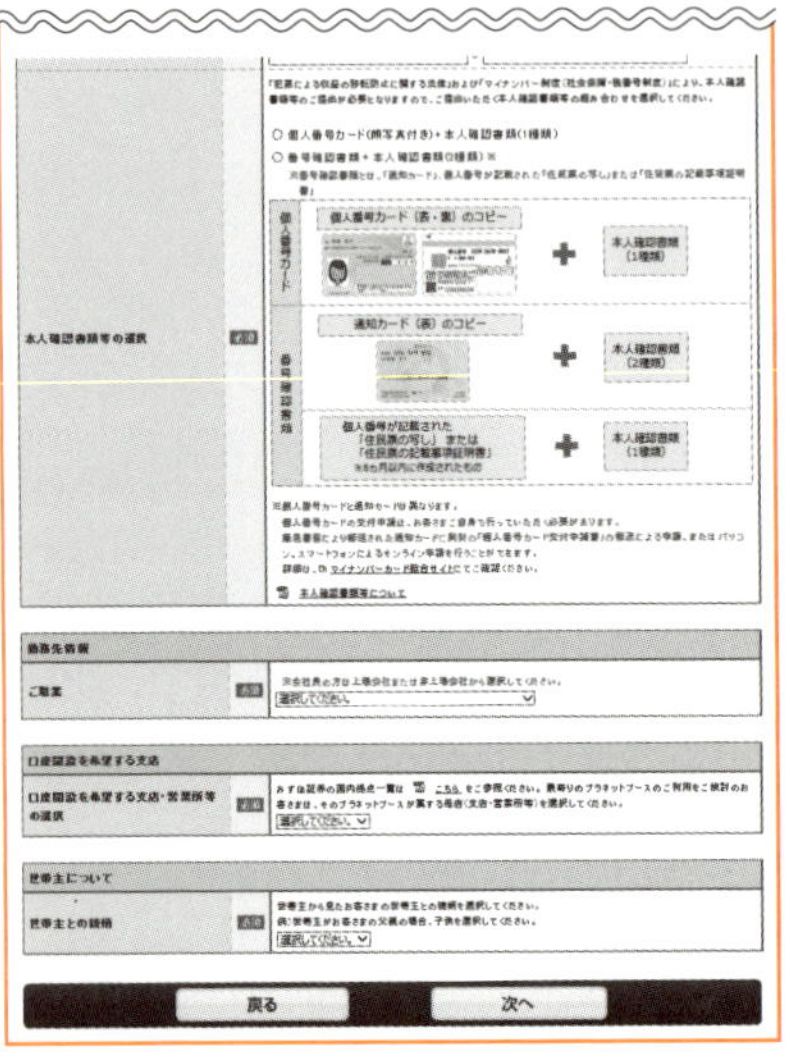

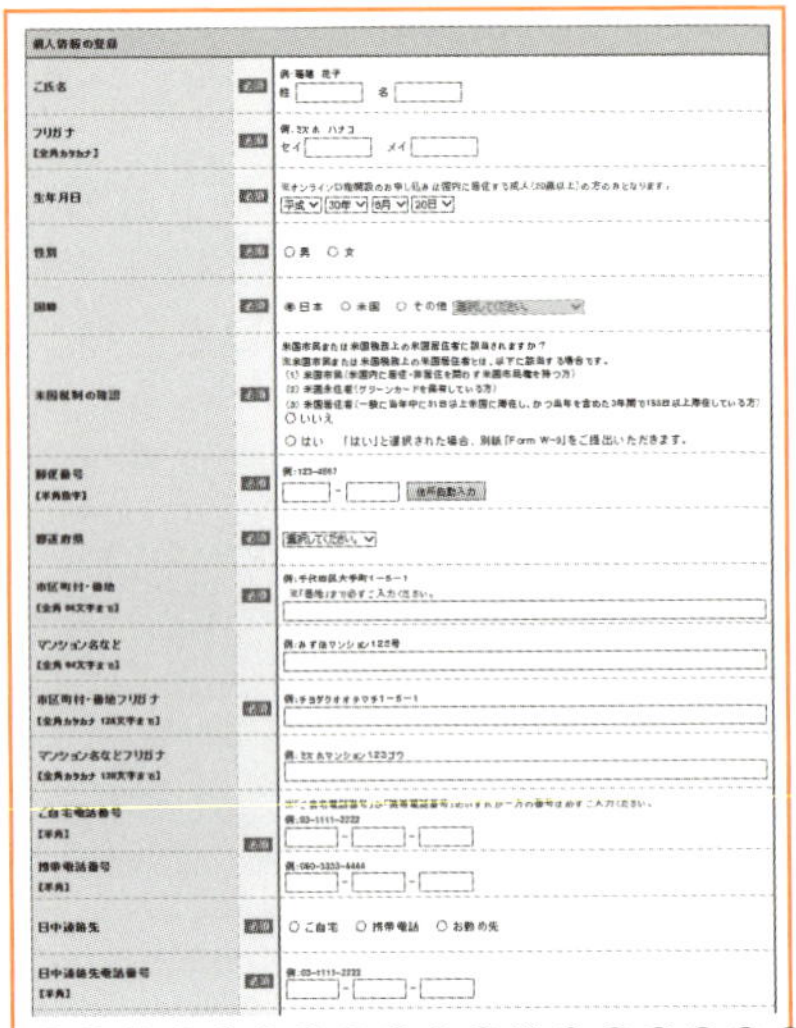

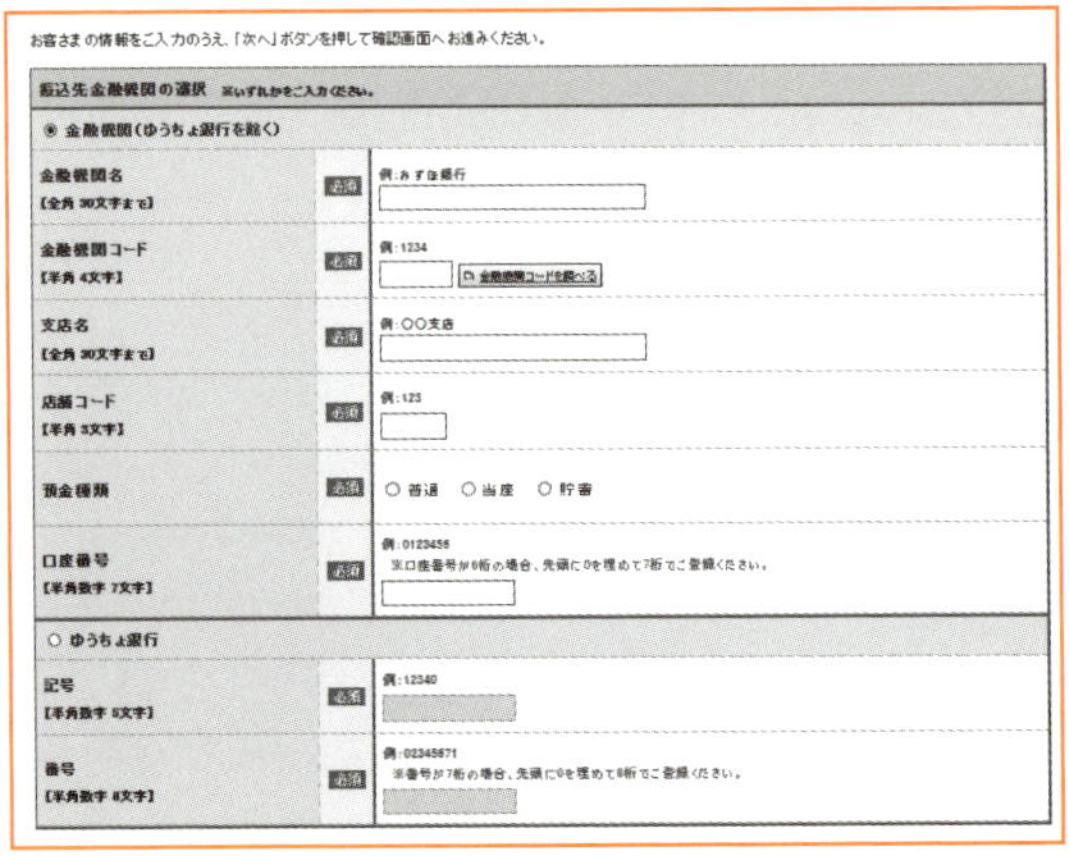

⑥口座情報を入力する

振り込み先に使う金融機関を選び、口座番号等を入力する。

⑦投資経験を入力する

投資経験や年収などのデータを入力する。

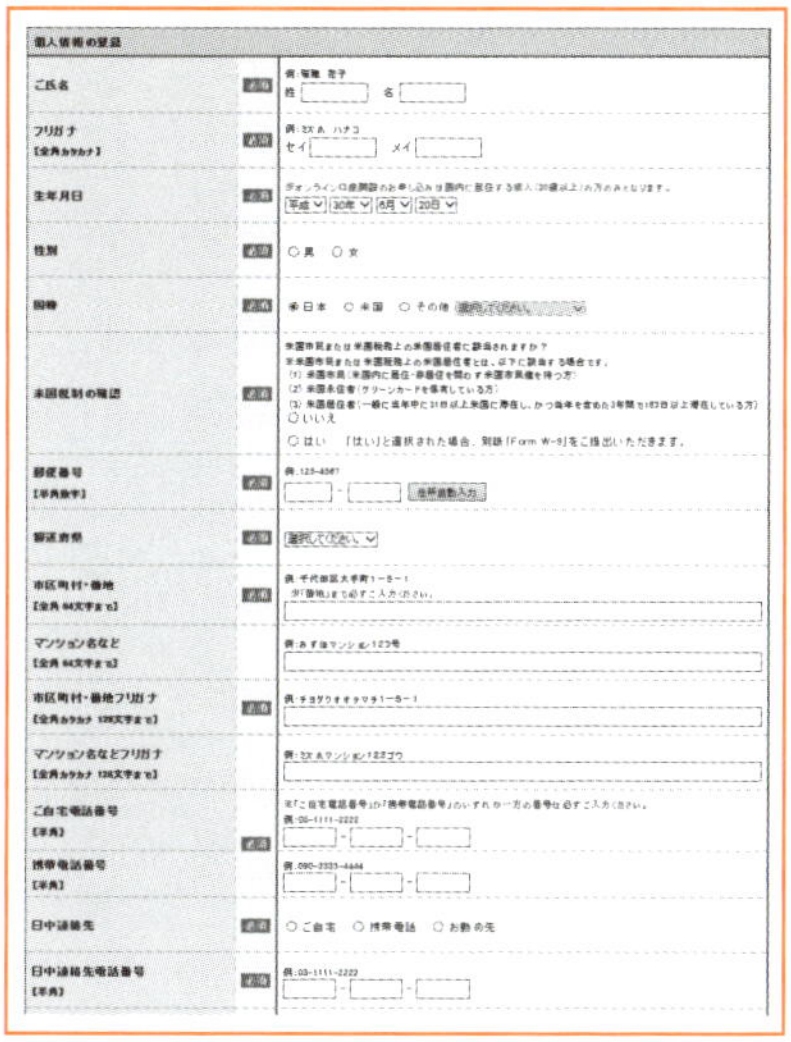

投資家保護の観点から、金融機関は投資経験や投資目的、資金などを把握して顧客管理の適正化を図ることが法令で定められています。そのため、投資経験や資産状況の入力は必須です。

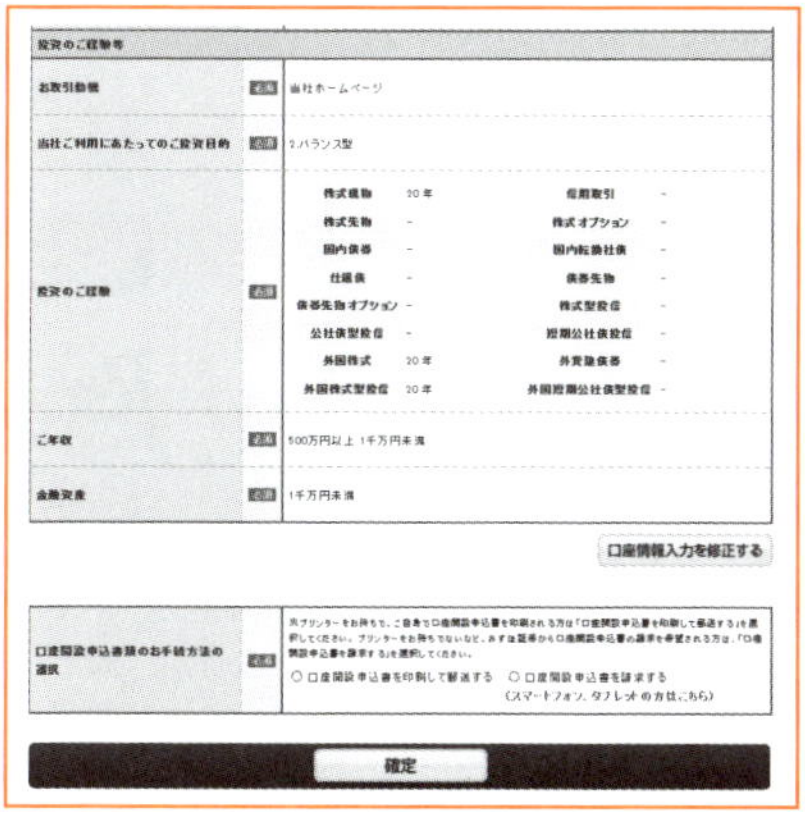

⑧確定して、書類を郵送する

届出住所に送付される口座開設申込書を受け取り、提出書類といっしょに返送する。口座開設申込書を自分で印刷して、郵送することも可能（販売会社によって異なる）。

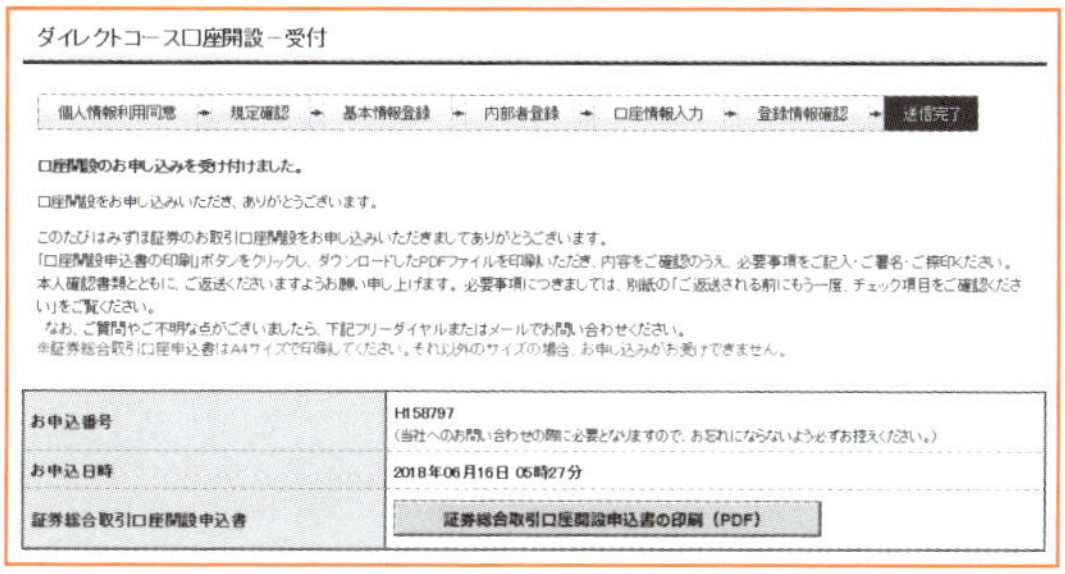

⑨口座開設完了

口座開設申込書を送付すると、１週間程度で口座開設が完了する。その後、取引に必要なパスワード等が送られてくる。

02

口座には2種類ある

一般口座と特定口座はどちらを選ぶ？

▼特定口座で手続きを簡略化

口座を開設する際、「特定口座」か「一般口座」のどちらかを選択する必要があります。投資信託を売却したときの利益には税金がかかりますが、この税金の処理の仕方が「特定」か「一般」かによって異なってくるのです。

一般口座で取引した場合は「年間取引報告書」を作成して確定申告を行なわなければなりません。これはかなり面倒な作業です。

一方、特定口座では金融機関が年間取引報告書を作成してくれます。さらに「源泉徴収あり」か「源泉徴収なし」かを選択しますが、「源泉徴収あり」を選べば、納税まで金融機関がやってくれます。そのため、特に投資初心者にはさまざまな手続きが簡略化できる特定口座がおすすめです。実際、特定口座を選択する人が現在では多くなっています。

▼払わなくてもいい税金を払うケースに注意

ただし、特定口座で「源泉徴収あり」を選択した場合、払う必要がない税金まで払ってしまうことがあるので注意が必要です。それは次の①～③の条件を満たすケースです。

①一カ所から給与を受けている給与所得者
②給与所得が2000万円以下
③給与・退職所得以外の所得が年20万円以下

この場合、税金もかからず、確定申告も不要ですが、源泉徴収ありの特定口座を選択すると、自動的に税金が徴収されてしまいます。

用語解説

年間取引報告書

特定口座を開設している人に対して証券会社が発行する書類。特定口座内での１年間の取引内容等が記載されている。

「源泉徴収あり」と「源泉徴収なし」の比較

特定口座
源泉徴収あり

メリット
- 確定申告が不要
- 確定申告する場合でも年間取引報告書があるので、申告が簡単

デメリット
- 利益が20万円以下の場合、「税金の払い損」が発生する
- 「損失の繰り越し控除」や「他金融機関における損益通算」を行なうときは確定申告が必要

特定口座の人には私たちが年間の損益を計算します。
証券会社

特定口座
源泉徴収なし

メリット
- 「税金の払い損」がない
- 年間取引報告書の利用により確定申告の計算が簡単にできる

デメリット
- 利益が20万円を超えると確定申告が必要

1カ所の給与所得、年収2000万円以下、年間利益20万円以下の場合は「源泉徴収なし」が有利！
投資家

一般口座をあえて選ぶ理由はあるの？

2015年までは、国債や地方債、外国債券、中期国債ファンド、外貨建てMMFなどは、特定口座に組み入れて損益通算することができませんでした。しかし、2016年1月の税制改正により、特定口座でまとめて管理できるようになり、損益通算も可能に。そのため、面倒な税金の手続きを考えれば、一般口座をあえて選ぶ理由はありません。

「源泉徴収あり」を選択すると、損益計算によっては支払わなくてすむ税金を徴収されるケースが出てきます。その場合は確定申告をしましょう。

03

対面取引とネット取引の比較

対面・ネット取引の双方にメリットあり

▼ライフスタイルから考えよう

投資信託の購入や解約を行なう場合は、販売窓口に電話などで直接伝えるか、ネット取引で指示を出すかの2つの方法があります。

2つの方法は、**それぞれにメリットとデメリットがあり、どちらを選択するかは投資家自身のライフスタイルにもかかわってきます。**

投信を購入あるいは売却しようと銀行や証券会社の窓口を訪れても、銀行は午後3時まで、証券会社も夜間は閉まっています。窓口での売買注文も当然、日中に限られます。

▼対面とネットのメリット・デメリット

窓口で直接注文する対面取引なら、販売担当からの情報やアドバイスを得ることができるメリットがあります。一方、デメリットとしては投資家にとって都合のよい金融商品ではなく、販売会社にとって都合のよい商品を強くすすめられる場合がある点が挙げられます（112ページ参照）。

ネット取引の最大のメリットは、**24時間いつでも注文できることのほかに、購入時の手数料が安くなる**ケースが多い点です。その反面、どの投資信託を買うのかという判断は自分自身でしなくてはなりません。とはいえ前述の通り、投信はプロがさまざまな金融商品を選択してパッケージ化したものです。個人で株式投資をすることに比べると、難易度はかなり低いといえます。

用語解説

夜間取引

株式投資では夜間でも取引が行なわれ、商いが成立することがある。投資信託の場合、ネット取引であれば夜間でも注文は可能だが、取引そのものは翌営業日となる。

対面取引とネット取引はどちらがよい？

対面取引

販売窓口に電話か対面で、売買注文を直接口頭で伝える

こんな人向き

自由業など日中でも時間が取れる人

初心者でアドバイスを受けながら取引したい人

メリット

- 投資の専門家が窓口で対応してくれる
- 投資全般の相談にも応じてくれる
- 口座開設から売買まで任せることができる

デメリット

- 販売会社にとって都合のよい商品を強くすすめられる場合がある
- 窓口で対応可能な時間にしか注文が出せない

ネット取引

ネットを通して売買注文を出す

こんな人向き

ネットの扱いに慣れている人

ある程度の投資経験があり、自分で情報収集ができる人

メリット

- 自分のタイミングで注文できる
- 手数料(コスト)が安くなるケースが多い

デメリット

- 自分で情報収集を行なって、投資判断をくだす必要がある
- パソコンやスマートフォンで取引するため、慣れていないと操作に戸惑う

銀行と証券会社では、同じ対面取引でも多少の違いがあります。証券会社は銀行と比べて投資信託の商品数も多く、投資や運用についての情報量が豊富です。一方、銀行は投資だけではなく、お金に関するすべてを一元管理できる点が魅力です。

04

投資信託の買い方

積み立てるか、まとめて買うかを決めよう

▼スポット購入と積み立て購入

口座を開設して、指定された金融機関の口座に投資資金を振り込んだら、投資信託はいつでも購入することができます。

投資信託の買い方は2通りあります。一つは**買いたいときにその時点の価格でまとめて買う**やり方（スポット購入）です。

もう一つは**一定期間ごと（毎月購入するという人が多い）に少額で積み立てていく**買い方です。投資信託は毎月500円や1000円といった少額から購入することができます。

ただし、それぞれの買い方にはメリットとデメリットがあるので、それらの点を理解したうえで買いましょう

▼資金を振り込めば購入準備OK！

積立型は毎月少額で買い付けます。一定額を購入するやり方なので、もし投資信託の**価格が下落したときには、購入できる数量（口数）が多くなり、反対に価格が上昇しているときは、購入できる口数は少なくなります。**

つまり買付代金が平均化され、リスクが分散されます。ただ、リターンも平均化され、一気に大きく儲かることはありません。しかし、長期で資産を形成したいときはうってつけの投資法といえます。一方、スポット購入でまとめ買いをすると、基準価額が上昇したときのリターンは大きくなりますが、下落したときのリスクも大きくなるため、注意が必要です。

用語解説

基準価額

投資信託の値段のこと。多くの場合、1万円から始まる。値上がりすると1万円を超える。分配金を払うと基準価額は下がるため、1万円を割っても運用成績が悪いとはかぎらない。

まとめて買うか、積み立てて買うか

フィデリティ・日本成長株・ファンドに投資した場合
（投資期間：2012年8月末～2014年5月末）

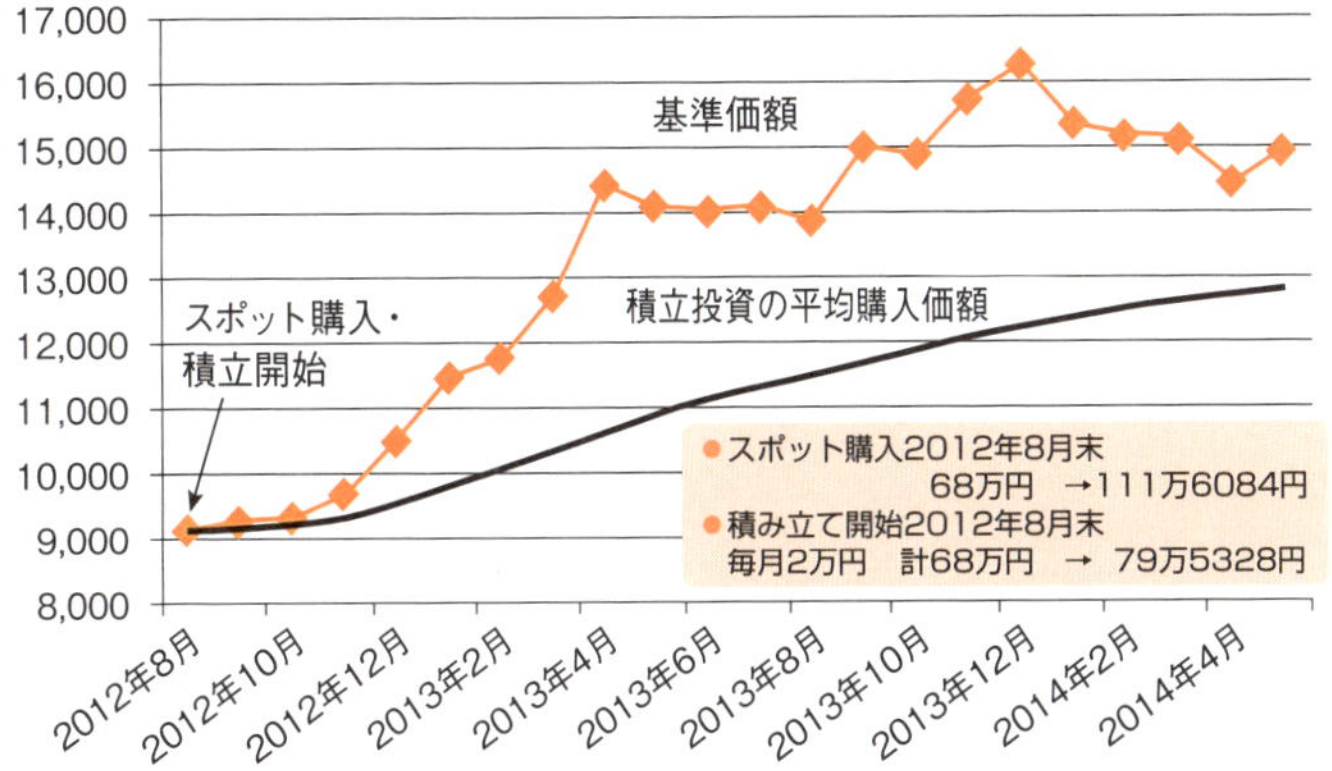

2014年5月時点の投資成果　一括投資の収益64.13％ ＞ 積立投資の収益16.96％

フィデリティ・日本成長株・ファンドに投資した場合
（投資期間：2008年8月末～2014年5月末）

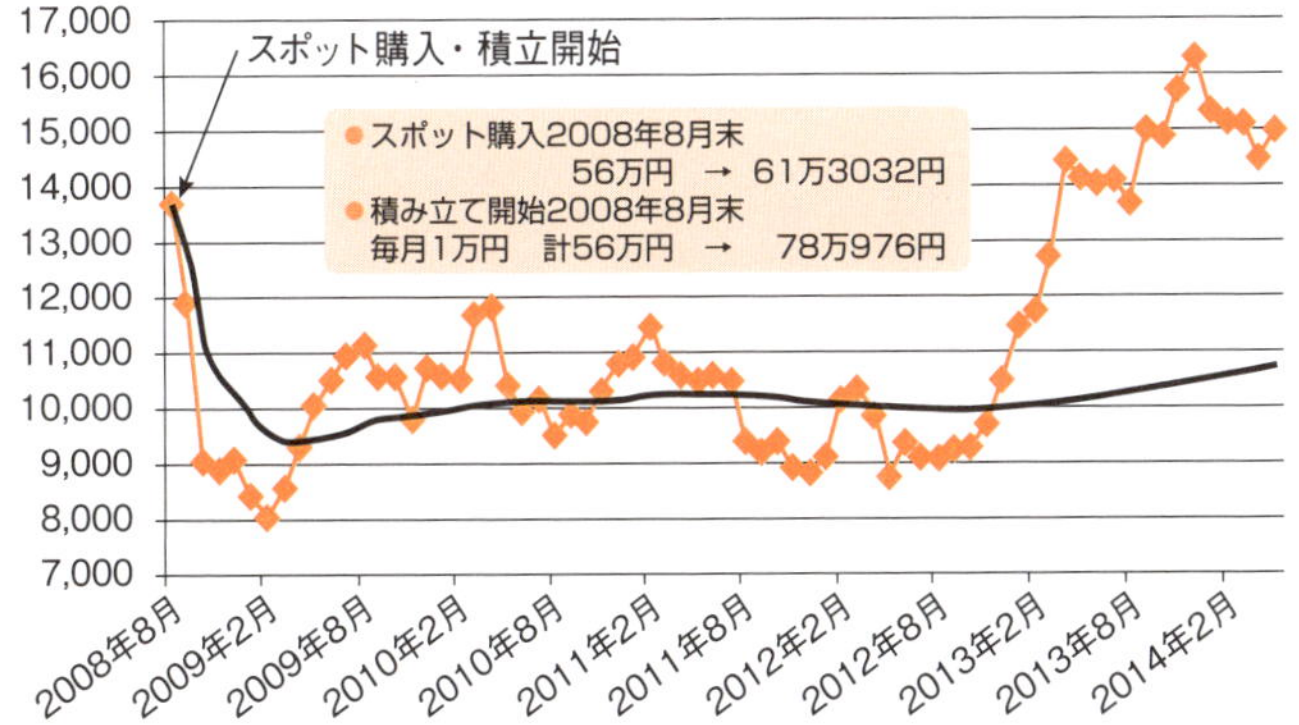

2014年5月時点の投資成果　一括投資の収益9.47％ ＞ 積立投資の収益39.46％

運用先の基準価額が安定的に伸びているときは、まとめて買うやり方（スポット購入）が有利です。基準価額が上下に大きくブレるときは平均化できるので積立がよいでしょう。

05

投資に無理は禁物

生活に支障のない余裕資金で運用しよう

▼生活費を投資資金に回さない

投資の世界には「命金に手を出すな」という格言があります。この「命金」とは平たくいえば生活費のこと。つまり、「**生活費に手を出してまで投資を行なってはいけない**」という戒《いまし》めです。

生活に支障が出るということのほかに、「**精神的な余裕がなくなるため、正確な判断をくだせなくなる**」という理由があります。同様の理由で、余裕資金のすべてを投資することも避けるべきですが、余裕資金があれば仮に購入した投資信託が思惑と違って値下がりした場合でも、対処の選択肢を多く持つことができるのです。

▼状況に応じて柔軟に対応する

投資信託を購入するとき、「5年後の住宅購入資金を増やすため」という目的があったとします。その場合、資金に余裕があれば、高いリターンを狙って高リスク商品を購入することも可能です。**資金が多ければ多いほど、あるいは資金に余裕があればあるほど、選択の幅が広がる**というものです。

また前述のような、購入した投資信託が値下がりしているときでも、損切りをして売却し、別の商品に投資したり、ナンピン買いによって購入平均コストと下げたりするといった柔軟な対応を取ることも、余裕資金があれば可能になります（74ページ参照）。

用語解説

ナンピン買い

投資信託や株式などが下落した場合に、平均買い付けコストを引き下げることを目的に、さらに買い付けること。「ナン（難）＝損」を平均することからナンピン（難平）という。

余裕資金がないと投資戦術が限定的

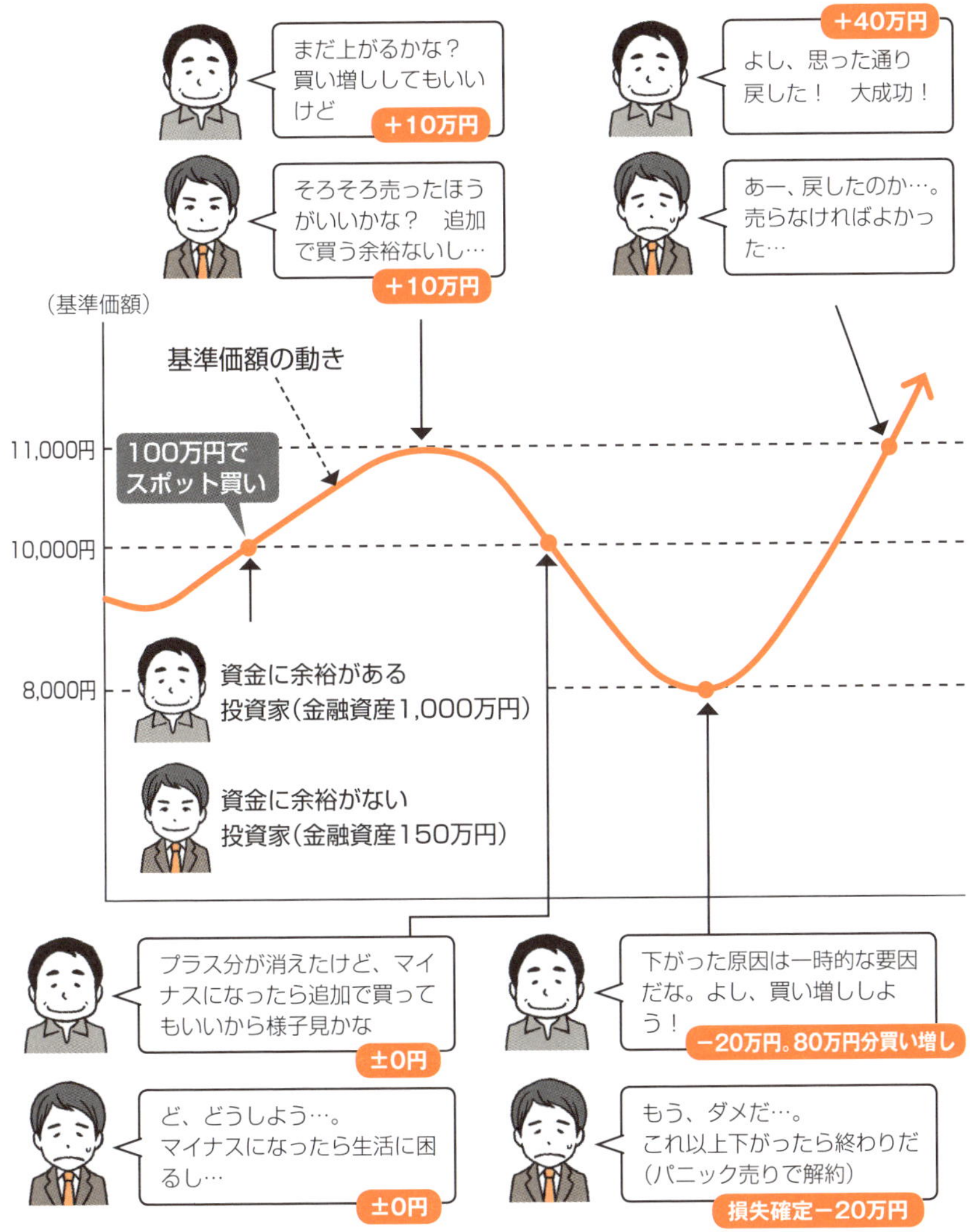

資金に余裕があるかどうかで、相場の状況変化に対して、投資家の心理に大きく違いが出ます。できるだけ余裕資金を持って投資しましょう。

06

20代と60代では運用方法が違う

年齢によって投資のやり方を変えよう

▼どこまでリスクを取るか考える

資産の状態や生涯設計によって資産運用法はおのずと変わってきます。

例えば余裕資金の少ない社会人デビュー間もない**20代前半であれば、「時間」を味方にできます**。少額資金を長期にわたってコツコツ積み立てるやり方がふさわしいでしょう。また**30代や40代の働き盛りであれば、多少のリスクを負ってでも大きなリターンを狙う運用方法もあり**でしょう（家族の有無など、ライフプランによって異なる）。

一方、定年退職などでリタイアし、ある程度まとまった資産があるという場合には、リスクを抑えて安全な運用に切り替えたほうがよいかもしれません。その際も、「なぜ、投資信託を始めるのか？」を考え、「老後の安定のため」「孫の教育資金づくりのため」など、目的の設定を怠らないようにしましょう。

▼第二の人生を目指して攻めの投資も

ただし、現在は長寿社会です。リタイアしたからといって、必ずしも安全な運用に徹しなければならないわけでもありません。

筆者の好きなエピソードに、「90歳を超えた彫刻家が、30年分の彫刻の原材料となる材木を注文していた」というものがあります。第二の人生を目指して、**守りに入るのではなく、新たなチャレンジ（攻めの投資）を始めるという気概があってもかまわない**のです。

用語解説

時間

投資における投資期間も考慮したい。年齢が若ければ時間を味方につけて長期で運用できる。一方、高齢者になれば、分配金を受け取りや短期間でのリターンを狙う。

現役時代とリタイア後は運用方法を変える

現役時代のポートフォリオ（ケース①）

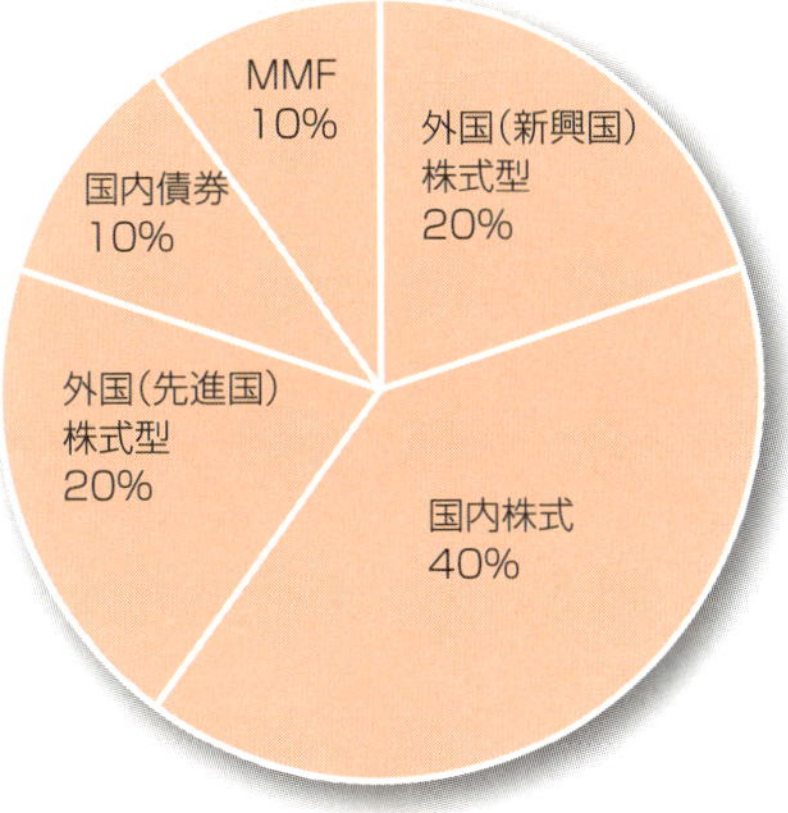

長期投資のほか、ハイリターンを狙った投資も選択肢の一つ。

少額資金でも時間が味方してくれます。

[25歳のAさんのケース]
100万円でスポット購入。毎月2万円の積立で、運用利回りが5%台の場合

↓

35年で3000万円の資産

運用先を少しずつ変えていく

リタイヤ後のポートフォリオ（ケース②）

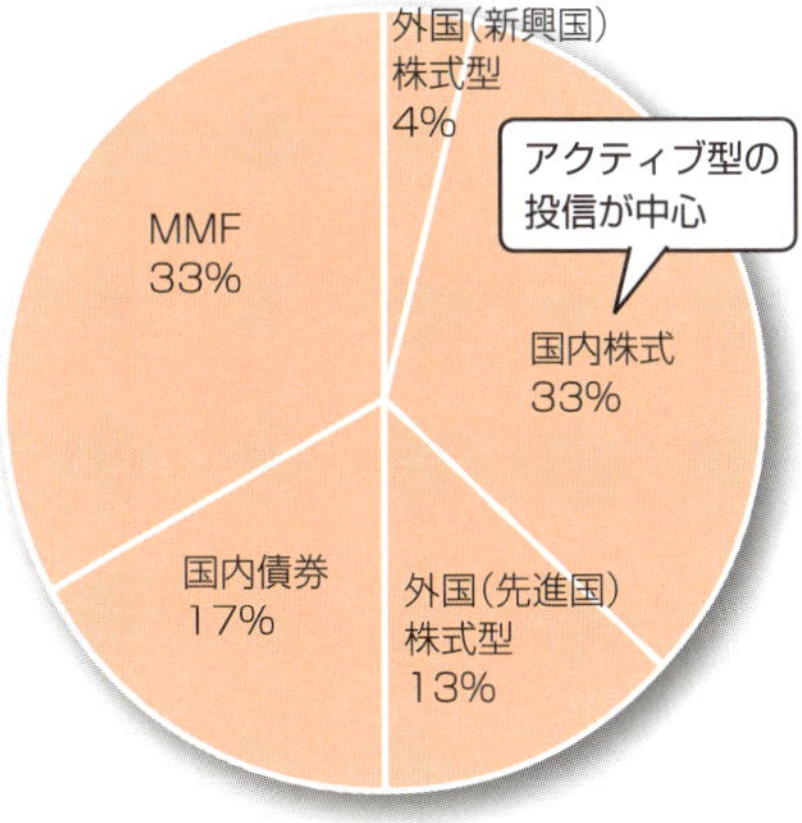

※毎月分配型の配分を増やしてもよい

短期間でのリターンを期待するか、毎月安定した配当(分配金)を狙うかを検討する。

月々の生活費の足しに分配金をもらうのもあり。また、投資資金が大きければ短期で増やすことも可能です。

[65歳のBさんのケース]
1500万円でスポット購入。運用利回りが2〜3%の場合

↓

20年で2000万円の資産

あるいは毎月分配型で運用利回り5%台の場合

↓

毎月6万円超の分配金

07 投資信託のコスト

手数料と信託報酬をチェックしよう

▼2つの大きなコスト

投資信託に投資するには、買い付け代金のほかにコストがかかります。**投資信託にかかるコストは、「購入手数料」と「信託報酬」の2つに大きく分けられます。**

販売手数料は購入時に1回だけかかるコストです。投資信託の種類によってその額は異なりますが、だいたい1%前後、アクティブ型（122ページ参照）の商品では3%を上回るものもあります。

一方、**信託報酬はいわば保有コスト**です。これは運用会社や販売した金融機関などに払い続けるコストといえます。投資信託の種類によって異なりますが、だいたい年率0・5%から1・5%となっています。運用成績にかかわらず、コストとして差し引かれます。

▼売却後にわかるコストもある

購入手数料と信託報酬については、購入前にチェックをしておく必要がありますが、コスト全体の実質的な額は、決算を終えた後でないとわかりません。例えばアクティブ型投資信託の場合、組み込む銘柄を入れ替えたりするので、そのコストが信託報酬に反映されます。また、外貨建ての資産運用の場合には為替手数料などでさらにコストがかさむ恐れがあります。ほかにも**解約時にかかる「信託財産留保額」や利益に対する税金なども考慮しておく**必要があります。

用語解説

信託財産留保額

投資信託を解約する際に投資家が支払う費用のこと。投資家が別途支払うのではなく、「基準価額に対して何%」といった形で、解約代金から差し引かれる。

投資信託にかかるコスト

購入時

購入手数料

基準価額の1.08～3%程度（投資信託の種類で違いが出る）
※ノーロードと呼ばれる商品の場合、購入手数料はかからない

保有期間

運用管理費（信託報酬）

総資産額の0.1～2.0%強（日割で毎日引かれる）

売却時

信託財産留保額

基準価額に対して0.1～0.7%程度

[コストの差でリターンに違いが出る]

信託報酬1%の差で、どれだけ違いが出るか？
- 投資信託A…利回り5%、信託報酬1%
- 投資信託B…利回り5%、信託報酬2%

期間	投資信託A	投資信託B
10年	148万円	134万円
30年	324万円	243万円

30年で80万円の差

コスト1%の違いでも長期では大きな差が出ます。購入前に利回りとコストをよく考えましょう。

08 売却時の注意点

すぐには売れない場合もある

▼一定期間は売れない商品もある

投資信託を売却（解約）して換金する際にも注意点があります。投資信託は基本的にいつでも換金できますが、中には**償還まで一定期間、売却できないタイプの商品もあります。**この売却できない期間をクローズド期間といいます。その期間は3カ月〜1年程度にも及ぶため注意が必要です。

これに対し**オープン型投資信託はいつでも解約することができます。**またあらかじめ設定された償還期限の前に、繰上償還といって投資家に払い戻されるケースもあります。これは純資産総額が一定基準を下回るなど運用の継続そのものが難しくなる場合や、反対に早めに目標値に達した場合の措置です。

▼解約するまで売値がわからない

投資信託の場合、投資家はその時点の基準価額を参考に売却しますが、実際に売れる値段は売却を指示した際には決まりません。**投資信託では「ブラインド方式」で、売却後に正確な売却価格が判明**します。

売却の受付は午後3時で締め切られるのが原則で、売却価格は申し込み当日の証券取引所の取引終了後の基準価額となります（午後3時以降の売却申し込みは翌日扱い）。なお、現金の受け取りが可能になるのは休日を除いた4日後以降です。急に現金が必要になったときなどは要注意です。

用語解説

ブラインド方式

投資信託の取引が、当日の基準価額がわからない状況で行なわれること。評価値の確定後に取引ができると、既存の投資家の利益が阻害されるため、このような方式が採用されている。

解約できない時期がある

投資信託には、一定期間解約できない商品があるので注意！

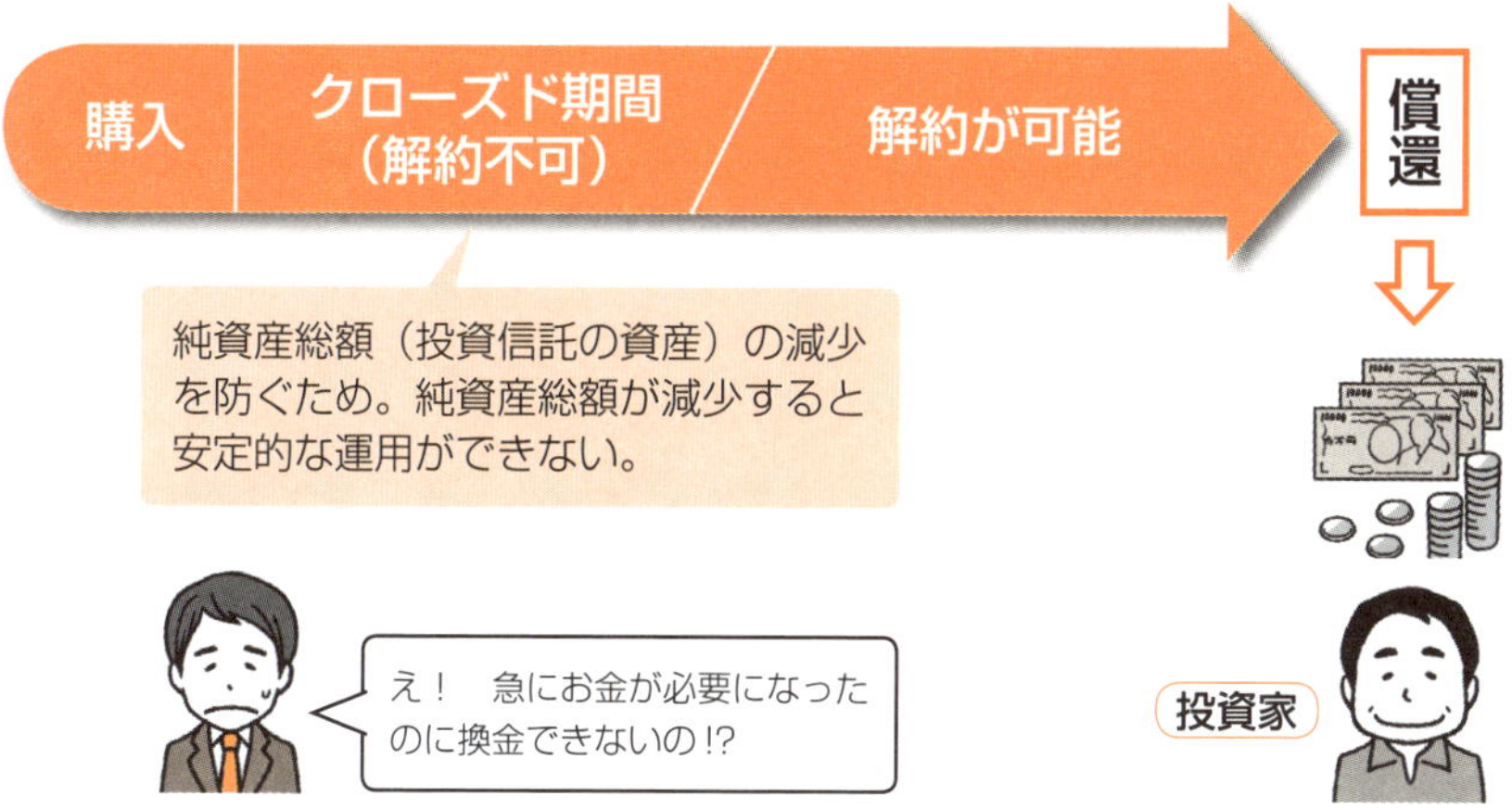
購入
クローズド期間
（解約不可）
解約が可能
償還
純資産総額（投資信託の資産）の減少を防ぐため。純資産総額が減少すると安定的な運用ができない。
え！　急にお金が必要になったのに換金できないの!?
投資家

[売却してもすぐにはお金にならない]

1日(月)	2日(火)	3日(水)	4日(木)	5日(金)	6日(土)	7日(日)
営業日	営業日	営業日	営業日	営業日	非営業日	非営業日

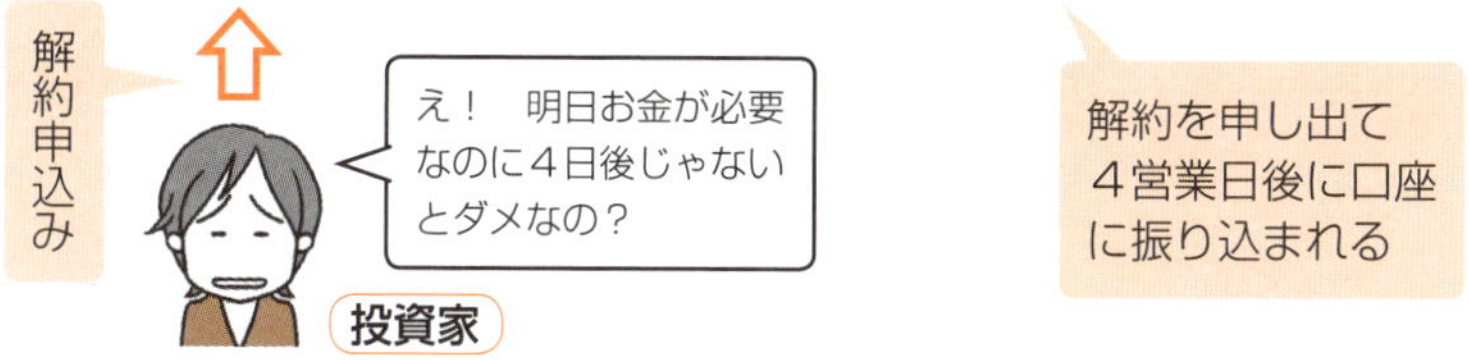
解約申込み
え！　明日お金が必要なのに４日後じゃないとダメなの？
投資家
解約を申し出て４営業日後に口座に振り込まれる

[土日祝日をはさむとさらに延びる]

解約申込み

5日(金)	6日(土)	7日(日)	8日(月)	9日(火)	10日(水)	11日(木)	12日(金)
営業日	非営業日	非営業日	営業日	営業日	営業日	営業日	営業日

4営業日目に解約できる。ただし、土日祝日は非営業日のため、火～金曜日に解約申込みをすると、解約日は翌週になる。

09

注文の締め切り時間

商品によって注文締め切り時間が異なる

▼注文の後に価格が決まる

既に解説したように投資信託の基準価額は1日に一つだけ値がつきます。株式など運用先の値動きは市場がオープンしている間は絶えず変動しています。その運用先の終値をベースにして基準価額は算出されます。

そのため**国内株式市場で運用する投資信託の価額は15時の取引終了後に算出**されます。国内株式型の投資信託の場合、当日の注文の受付締め切りは14時30分ごろに設定されています。この時間までに注文を出せば、その日につけられた基準価額で取引が成立。**14時30分以後に出された注文の場合、翌営業日の価額での購入・売却**ということになります。

▼相場の急変で思わぬ価格がつくことも

投資信託の基準価額は15時を過ぎてから算出されますが、購入するには14時30分までに申し込まなければなりません。つまり、投資家は正確な価格を知らないで購入することになります。例えば注文後に為替や金利の変動などで相場が急変した場合、思いがけない基準価額で売買させられることもあり得ます。

なお、14時30分までというのは、あくまで国内株式で運用する投資信託の締め切り時間です。投資信託の種類、あるいは販売会社によって注文受付時間は異なります。特に**外国の投資信託で運用する場合は、海外市場の時間に合わせる**ことになります。

用語解説

海外市場

海外市場で取引を行なうとき、注意しなければならないのは取引時間のほかに、休日の問題もある。祭日は国によって異なるため、急いで換金したいときなどは注意が必要。

投資信託の注文受付時間

	投資信託	委託会社名	注文締め切り時間
1	日本トレンド・セレクト　ハイパー・ウェイブ	日興アセット	11：00
2	日本トレンド・セレクト　リバース・トレンド・オープン		
3	インデックスファンド日本債券（1年決算型）		
4	インデックスファンドTOPIX（日本株式）		
5	インデックスファンド225（日本株式）		
6	ニュージーランド株式ファンド	カレラアセット	12：00
7	楽天日本新興市場株ダブル・ブル	楽天投信	13：50
8	日本債券ベアファンド（5倍型）	T&Dアセット	14：00
9	日本債券インデックスファンド	三井住友トラスト	
10	日興・GS世界ソブリン・ファンド（毎月分配型）	日興アセット	
11	日興 豪州 インカム・オープン（毎月分配型）		
12	積立ベスト・バランス		
13	MHAM TOPIXオープン	アセットマネジメントONE	
14	三井住友・スーパーアクティブ・オープン（元気！）※	三井住友アセット	14：30
15	SBI日本株3.7ブル	SBIアセット	14：40
16	SBI日本株3.7ベア		
17	SBI日本株3.7ベア		
18	新光Wブル・日本株オープンⅢ	アセットマネジメントONE	14：45
19	新光Wベア・日本株オープンⅢ		
20	楽天日本株トリプル・ブル	楽天投信	14：50
21	楽天日本株トリプル・ベアⅢ		
22	楽天日本数4.3倍ブル		

※新規の買い付けは受け付けていない。

基準価額は多くの場合、平日の15時以降に決まります。そのため14時30分（販売会社によっては15時）までに注文を受け付けたときはその日の価格で、それ以降は翌営業日の価格で約定します。

10

途中で強制的に売却される

繰上償還のリスクに注意しよう

▼長期投資でなくなる!?

投資信託は長期投資を前提に設定され、また多くの投資家が長期保有を念頭に購入しています。そのため、基準価額が購入額より下がったとしても、「いずれ回復するだろう」とのん気にかまえている人もいます。

ところが損失を抱えたまま運用会社が運用の打ちきりを決めてしまうケースがあります。そうなると**個別元本が購入資金を下回った額で返され、損失が確定してしまう**のです。これを「繰上償還」といいます。

ただし繰上償還は必ずしも損失が確定するわけではなく、償還日を待たずに運用の目標値に達成したときなどにも行なわれます。

▼資金流出が続く投信に注意

この繰上償還は投資信託のリスクの一つでもあります。**繰上償還が行なわれるケースで多いのは、受益権口数の減少**です。これは、解約する投資家が増えて純資産総額が減少すると、効率的な運用が不可能になるためです。

資金流出が続いている投資信託は要注意。目安として、**純資産総額が30億円を下回る場合は危険水準**といえます。

なお、投資信託には償還日（信託期間の設定）のないものも少なくありません（投資信託全体の約35%）。長期で保有するつもりであれば、この「信託期間無期限」の投資信託の購入を検討するのもよいでしょう。

用語解説

受益権口数

投資信託の受益者が保有する受益権の総数。基準価額に受益権総口数を掛けると、投資信託の純資産総額が算出される。

繰上償還とは？

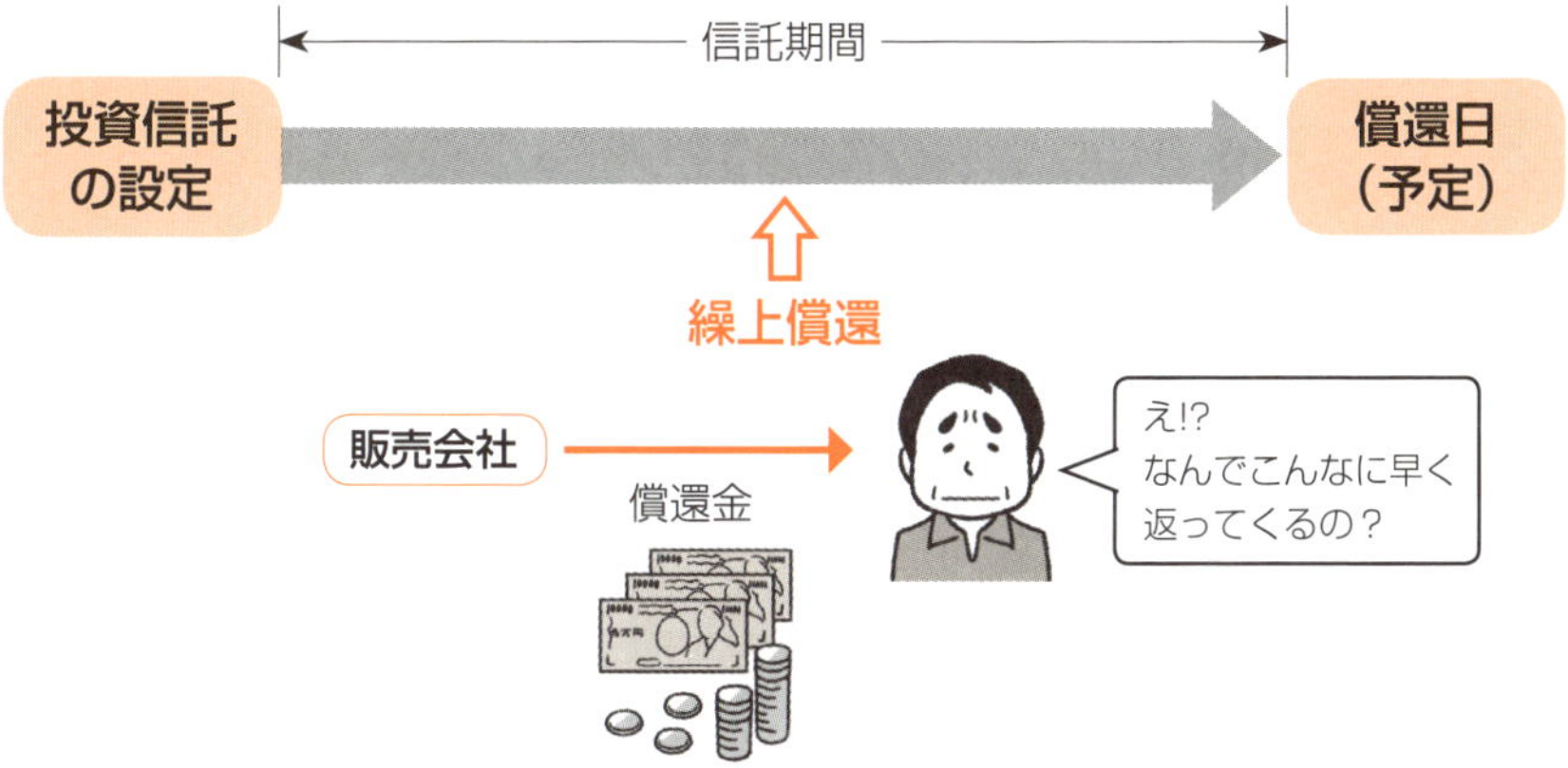

繰上償還が起きるとき

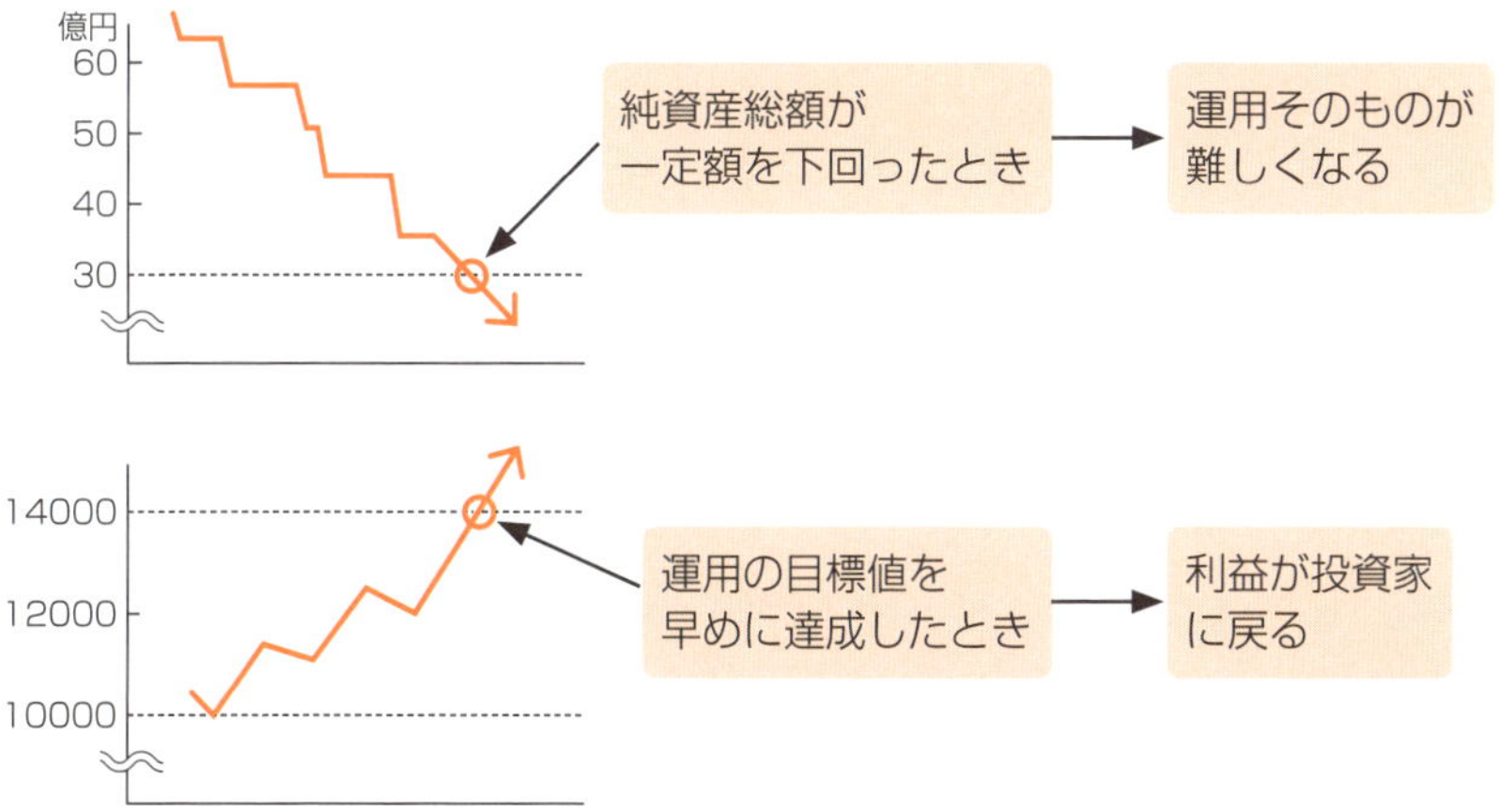

[償還日が延長される場合もある]

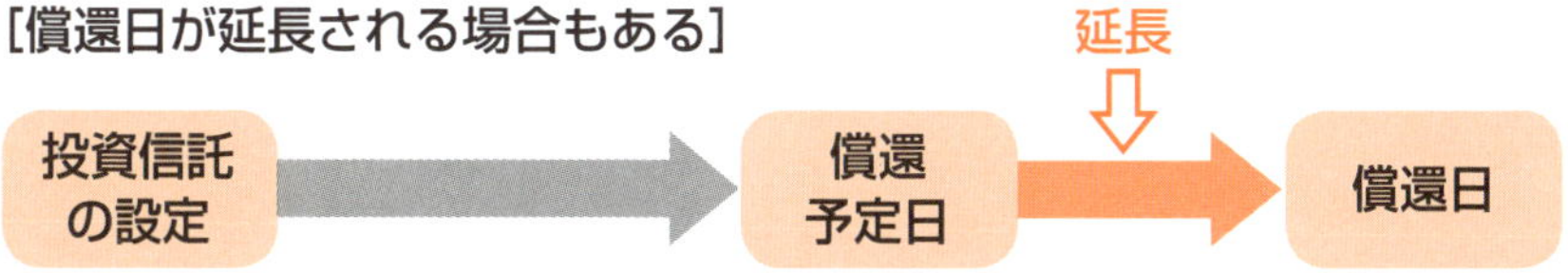

償還日になっても目標値に達しなかった、あるいは損失を抱えていたときに延長されることがある。

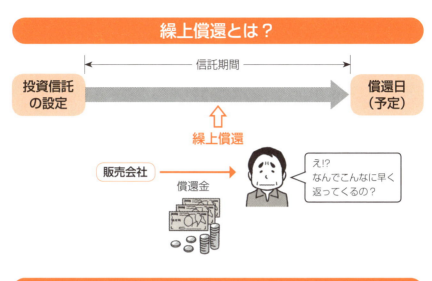

11

売却のタイミング

設定の目標額に達したときに検討しよう

▼売りどきの見極めは難しい

投資信託は長期で保有し、じっくりと運用するのが基本です。しかし、設定の目標額に達した場合には、売却して利益を確定することを検討してもよいでしょう。

ただ、投資信託でも同様ですが、**「投資は買いどきよりも、売りどきを見極めるほうが難しい」**といわれます。その理由は、基準価額がどんどん値上がりしていれば、「そろそろ反落するかな」と不安を抱き、その一方で「まだまだ上がるかも」と期待するからです。

償還日まで保有すると決めて、腰を据えて運用するのも一つの戦略ですが、想定以上に基準価額が上昇している場合には、「早めの確定売り」もまた一つの戦略なのです。

▼価格変動の要因を探る

投資信託はもともと長期保有を前提に設計されており、投資家もそのつもりで投資します。しかし昨今は世の中の動きが目まぐるしく、基準価額も上下に大きく振れる傾向があります。プロに運用を任せられるのが投資信託のメリットですが、基準価額が急上昇（または急落）したときは、**販売会社の担当者に質問したり、ウェブサイト等で調べたりして、要因を調べてみましょう。**なお経済状況などの外的要因のほかに、ファンドの運用方針が変わったり、投資の目的が変わったりする場合も売却を検討するタイミングといえます。

用語解説

価格変動要因

投資信託は株式や債券など市場性のあるものに投資しているため、価格が変動する。主な変動要因には、金利、為替、景気、物価が挙げられる。

こんなのときに解約を考える

償還前に投資家自身が解約を検討しなければならないときがあります。

①運用成績が想定以上によい

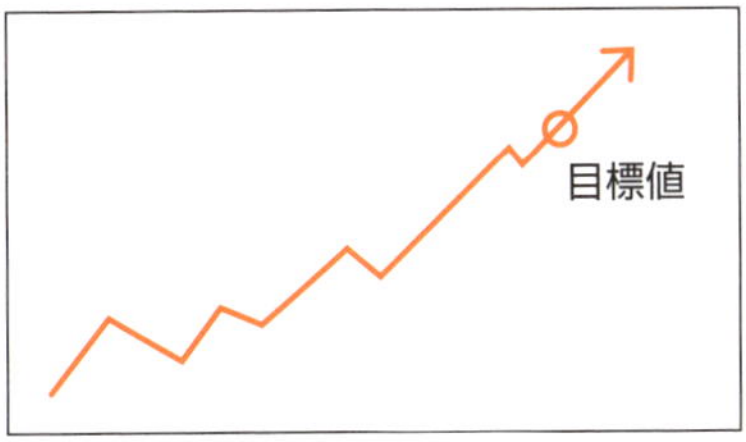
目標値

目標とする水準まで値上がり。早めの「確定売り」も検討する。

②投信の運用方針が変わった

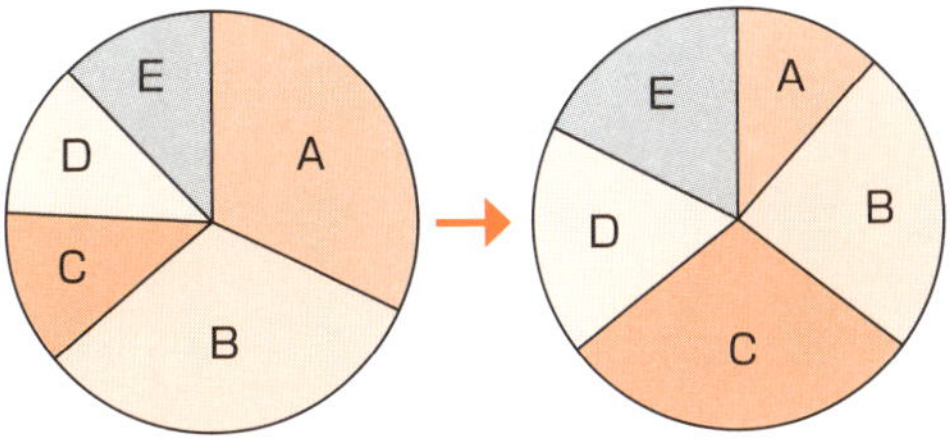
E
D
A
C
B
E
A
D
B
C

投信の運用方針が大きく変わり、購入時と比べて資産配分が変わった。

③投資の目的が変わった

例えば、「マイホーム資金に2000万円を貯める」という目的があったが、実家に住むことになって当初の目的が消えた。

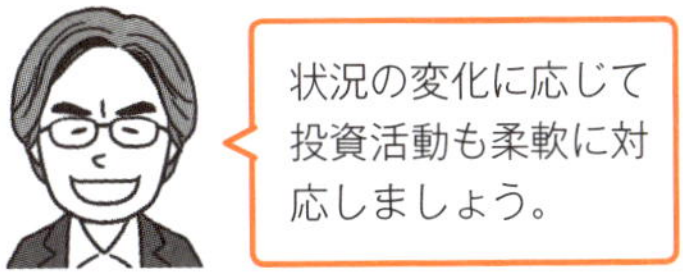
状況の変化に応じて投資活動も柔軟に対応しましょう。

運用成績が振るわない場合は… ➡次ページ参照

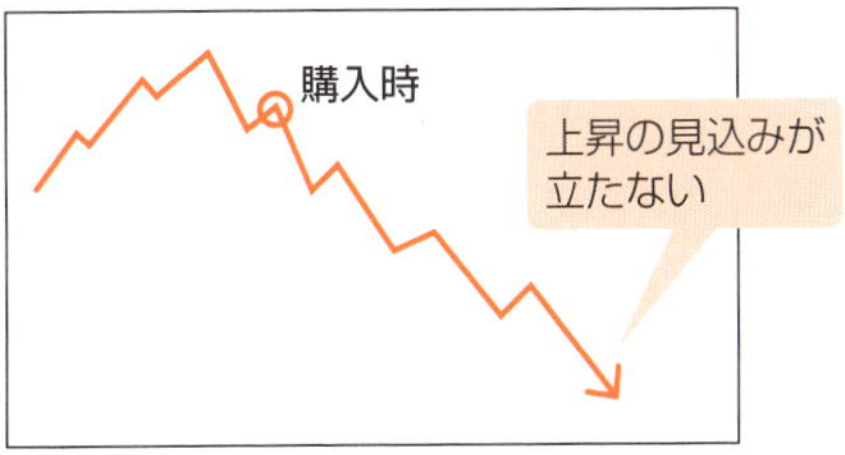
購入時
上昇の見込みが立たない

運用成績が振るわず、基準価額が下がり続ける。

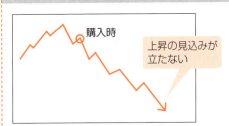

12 運用成績が振るわない場合

損切りやナンピン買いで対応しよう

▼運用目標を立てておく

投資信託は元本保証の金融商品ではありません。想定通りの利益が出ないどころか、**元本割れで損失を抱えるケースも想定**しておかなければなりません。では、運用成績が振るわない場合、どう対処すればよいのでしょうか。

まず投資信託を購入する前に、運用目標を立てておきます。経済状況にもよりますが、例えば日本株が主なメイン運用先の商品の場合、市場が好調であれば運用目標は最低でも1年で10～15％に設定できます。

しかし、あらかじめ設定した運用成績を下回った、あるいは値下りしてしまったときは運用方針を見直したいところです。

▼下落した原因を探ったうえで対応

運用成績が振るわないときは、まずその原因を探ります。例えば株式投資型の場合、運用先の株価が下落しているわけですが、市場全体が不振なのか、あるいは個別銘柄の特殊事情なのかによって対応が違ってきます。

基準価額が下落したとき、**思い切って損失を確定（損切り）させ、売却してしまう**のも一つの手。また、資金に余裕があるのなら、**追加で購入して買い平均コストを下げる「ナンピン買い」**というやり方があります。この方法はいつでも買える追加型投資信託（128ページ参照）で可能。いずれも「○パーセント下落したら」と設定しておきましょう。

用語解説

損切り

含み損が生じている投資商品を売却して損失額を確定すること。初心者にとって「損切り」は勇気がいる。あらかじめ「○円まで下がったら売る」と決めてから購入するとよい。

下落時は損切りやナンピン買いも検討する

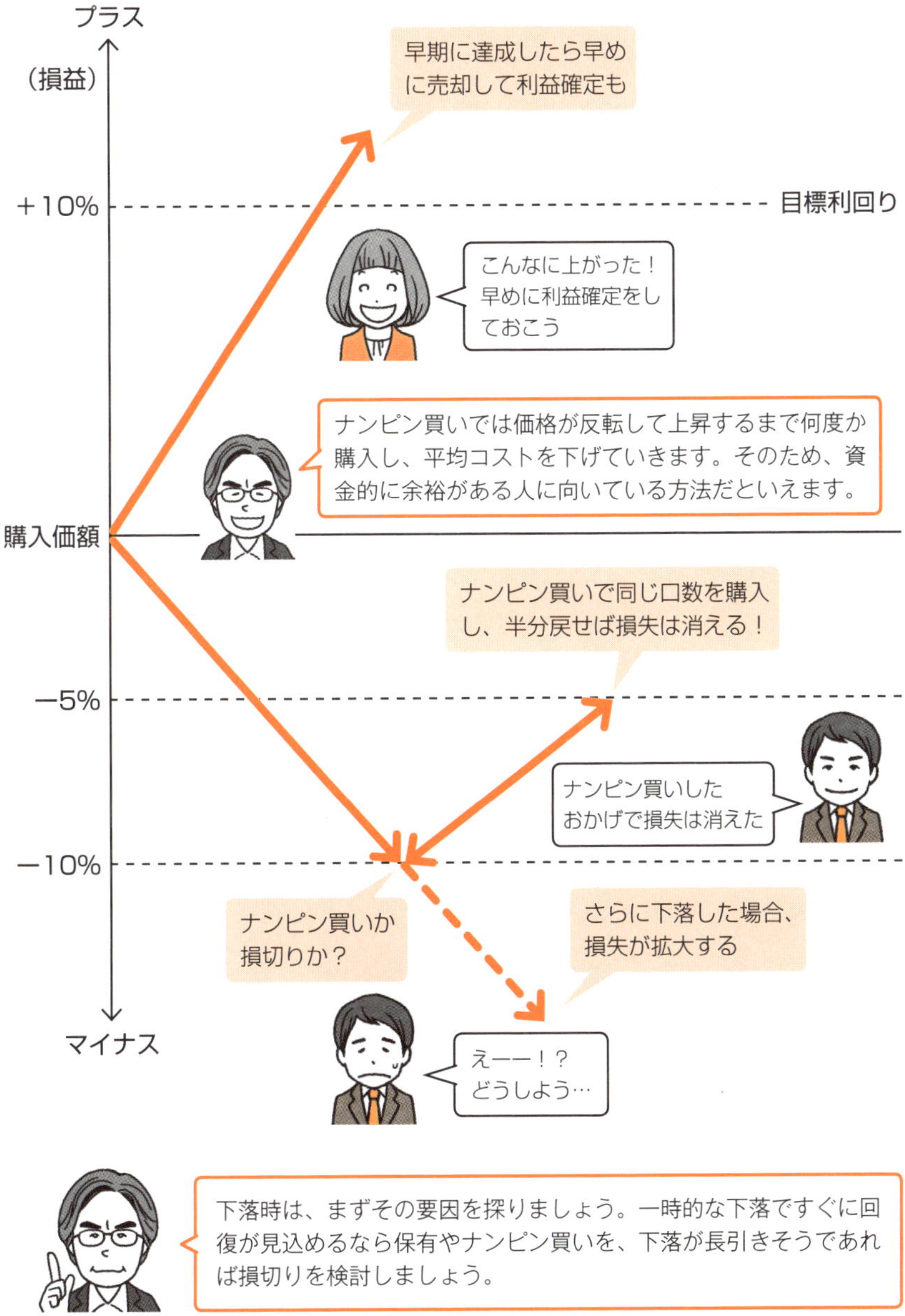

13

販売会社が破たんした場合

資産は分別管理されるので大丈夫！

▼投資家の資産は保全されている

投資信託は、販売会社が投資家に売り出し、そこで集めた資金を運用会社が投資先で運用します。さらに信託会社がその資産を保管します。

投資信託にかかわるこれらの会社のうち、どこかが倒産するなど破たんするといったケースも確率がゼロではありません。しかし、販売会社や運用会社、信託銀行のいずれかが破綻したとしても、**結論からいえば、制度上は投資家の資産は保全されます。**

▼信託銀行で分別管理される

販売会社は投資信託を投資家に売り、その売買代金は信託会社が信託財産として信託銀行が保管します。そのため**販売会社が破たんしたとしても、信託財産にはまったく影響しません。**また運用会社も運用の指示を行なうだけの役割であるため、信託財産の保管や管理にはかかわりはありません。そのため**運用会社が破たんしても投資家の資産には何ら影響はありません。**

では、「投資家の財産を保管する信託銀行が破たんした場合にはどうなるのか？」と不安を覚えるかもしれません。しかし、**投資家の信託財産は信託銀行の財産とは分けて管理（分別管理）しなければならない**とされています。よって、信託銀行が万が一破たんしても、問題ありません。

用語解説

金融機関の破たん

金融機関が破たんした場合、投資信託だけでなくほかの金融資産も一部補償される。例えば銀行が破たんしても、預貯金は基本的に1000万円を上限に補償される。

投資家の資金は守られる

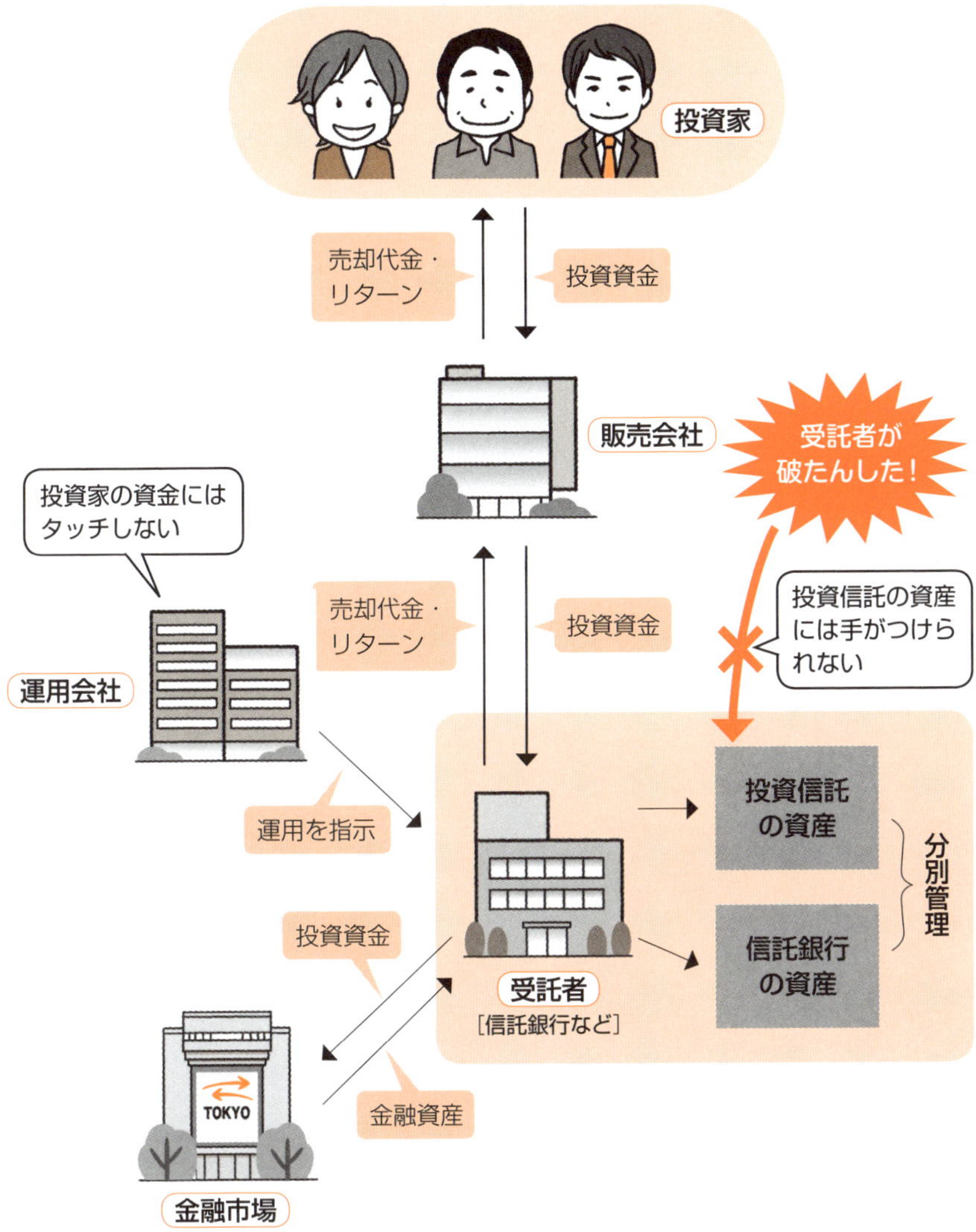

預貯金を預けている銀行が破綻した場合、元金1000万円までとその利息しか保護されませんが、投資信託の場合はすべて分別保管が義務づけられているので全額保障されます。

14

運用状況のチェック

基準価額や直近の値動きを確認しよう

▼直近の値動きをチェックする

投資信託は運用をプロに任せられる点が魅力ですが、投資信託を実際に保有しているときは、**定期的に運用状況を確認することも大切**です。特に売却を検討しているときは、その時点の基準価額が損益に直結するため、注意が必要です。パソコンやスマートフォンで自分の口座にログインすれば基準価額を確認できますが、**日本経済新聞の朝刊にも前日の「オープン基準価格」が掲載されています。**

ただし、これだけではその時点の価格しかわかりません。できれば直近の値動きを把握したいところです。そのような場合には、販売会社などのウェブサイトにアクセスしましょう。値動きを表したチャートが掲載されているので、値動きの予測に活用できます。

▼運用先の市況を見る

解約を申し出たとき、その投資信託がいくらで売却できるかはわかりません。おおよその価格は予測できますが、市況の動き（株式型投資信託であれば株式市場の動き）によってその価格が左右されます。

市況が大きく変動した場合は、その動きに合わせて売却してみるのも一つの手です。例えばIT関連銘柄を中心に運用している株式型投資信託であれば、運用先の上位銘柄の動きを見ていくと、「価格が上昇（下落）しそうだ」と予測を立てることも可能です。

用語解説

オープン基準価格

投資信託のうち、追加型（オープン型）投資信託の価格。日経新聞などは前日の基準価額を掲載している。

基準価額の値動きをチェックする

保有している投資信託は、ときどき値動きを確認しましょう。値動きは販売会社のウェブサイトなどでチェックできます。

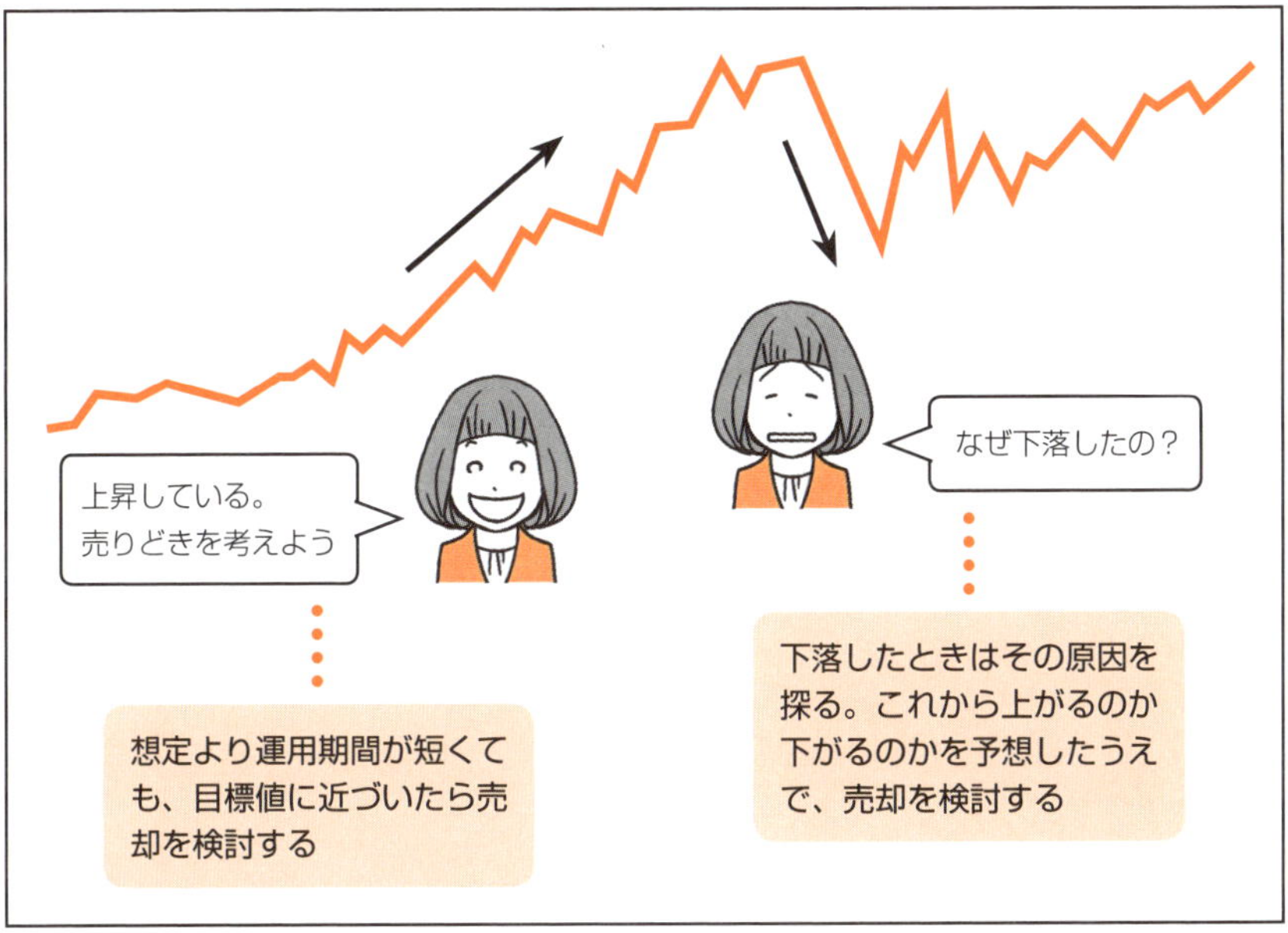

上昇している。
売りどきを考えよう
想定より運用期間が短くても、目標値に近づいたら売却を検討する
なぜ下落したの？
下落したときはその原因を探る。これから上がるのか下がるのかを予想したうえで、売却を検討する

【販売会社のウェブサイト】

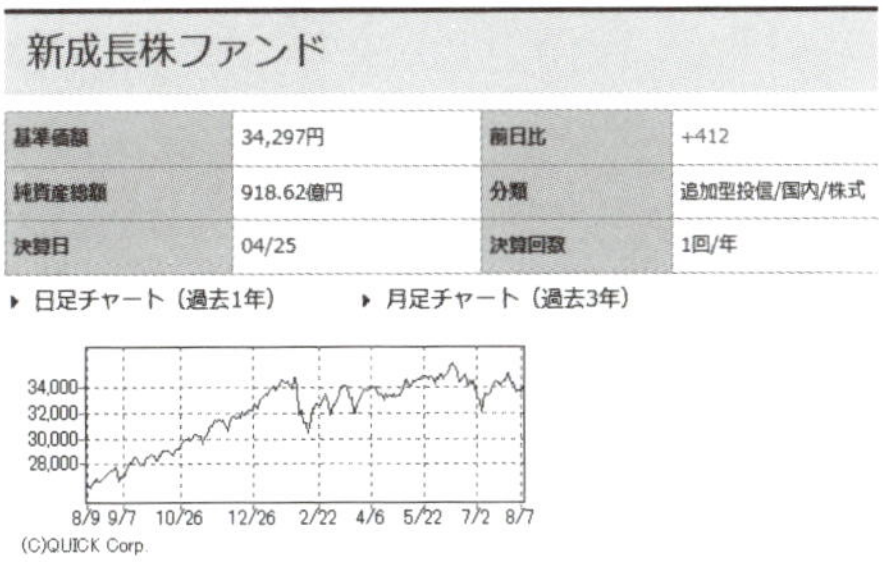

新成長株ファンド

基準価額	34,297円	前日比	+412
純資産総額	918.62億円	分類	追加型投信/国内/株式
決算日	04/25	決算回数	1回/年

▸ 日足チャート（過去1年）　▸ 月足チャート（過去3年）

34,000
32,000
30,000
28,000
8/9 9/7 10/26 12/26 2/22 4/6 5/22 7/2 8/7
(C)QUICK Corp.

【日本経済新聞】

オープン基準価格　8月9日（水曜日）

ファンド		前日比						
ニッセイ			AIセレ年2	9926	▲24	[illegible]	7989	▲37
インカム	7003	▲36	AIセレ成長	9927	▲23	[illegible]	10884	▲51
毎月イン	7052	▲35	‡日本好利	13272	▲40	プライム社債	9667	▲ 5
ユロイン	7436	▲39	株式ウーマン	10798	▲ 7	グロハイ	7222	▲34
毎月ユロ	6824	▲36	225アク3ヵ月	10543	▲20	グロハイ成長	12022	▲58
3ポイン	6417	▲31	225アク成長	12060	▲24	USハイ	3501	▲18
3ポ1年	15141	▲73	みらい	9934	▲10	USハイ成長	13243	▲70
ハニカム	7039	▲46	ゆめ計30	13447	▲23	USハイ有	9947	▲ 5
新・世界債券	5923	▲59	ゆめ計50	13782	▲33	USハイ成無	9946	▲ 6
債戦略A	8740	▲ 5	ゆめ計70	13470	▲44	UリトA	9502	▲42
債戦略B	9081	▲27	乙女株式	12928	▲ 9	UリトB	3720	▲34
債戦略C	10950	▲ 5	乙女債券	9924	△ 4	UリトC	13624	▲61
債戦略D	11613	▲34	乙女バラ	10708	△ 2	UリトD	16680	▲157
アドイン毎P	6946	▲15	[illegible]	9341	▲39	Jリートアク	9928	▲35
アドイン毎有	9257	▲ 2	Fパック3	10075	▲45	Jリート成長	10514	▲37
アドイン毎無	9445	▲22	Fパック5	10282	▲50	アジリト	10308	▲53
短ハイP	5468	▲15	Fパック7	10050	▲36	世界イン毎月	11181	▲57
短ハイ有	7094	0	Fパック日本	10141	▲ 8	世界イン成長	21460	▲103
短ハイ無	8342	▲30	手数料無バ4	11386	▲35	コアイン月有	9975	△ 5
ハイボン1409	9691	▲ 1	手数料無バ6	10348	▲41	コアイン月無	9032	▲41
			手数料無バ8	10348	▲47	コアイン年有	10826	△10
			DC夢30	14423	▲24	コアイン年無	10278	▲42

売却するときは、「解約時のコスト」（64ページ参照）や「税金」（80ページ参照）も考慮して損益を計算しましょう。

15

利益にかかるコスト

利益にかかる税金に注意しよう

▼分配金と値上がり益には税金がかかる

投資信託の売買では税金にも注意が必要です。投資信託を購入する際、投資信託そのものに消費税はかかりません。しかし、購入手数料や信託報酬には消費税がかかります。

また、投資信託で得られた利益には所得税等がかかります。投資信託で得た利益に対する税金には次の2つがあります。一つは分配金を得た場合の「配当所得」に対する課税です。分配金は運用実績に基づいて得られた利益を口数に応じて配分します。もう一つは解約や償還したときに生じた値上がり益（譲渡益）を得た場合の「譲渡所得」に対する課税です。これらのコストも考慮しましょう。

▼損益通算や繰越控除も使える

利益に対する税金は、所得税（復興特別所得税も加算）に住民税を加えた20.315％が課税額です。ただし投資信託の種類により税制が多少変わり、税額がわずかに異なるものもあります。約20％と覚えておきましょう。

税金の支払いは、54ページで紹介したように確定申告を「する」「しない」で税額に差が出るケースがありますが、所得税と住民税で、それぞれ個別に有利な課税方式を選ぶことができます。例えば所得税によって源泉徴収の還付を受けようと総合課税あるいは申告分離課税を選び、住民税では申告不要を選ぶといったこともできるのです。

用語解説

申告分離課税

ほかの所得と合算せず分離して税額を計算し、申告納税する方式。確定申告によって税を納付する。

投資信託の利益にかかる税金

利益		税率
・譲渡益・償還差益にかかる税金		20.315%（所得税・復興特別所得税15.315%＋住民税5%）
・分配金にかかる税金	普通分配金	20.315%（所得税・復興特別所得税15.315%＋住民税5%）
	元本払戻金（特別分配金）	非課税

＜ケース①＞

元本9,000円、分配前の基準価額12,000円、収益分配金2,000円、分配後の基準価額10,000円の場合

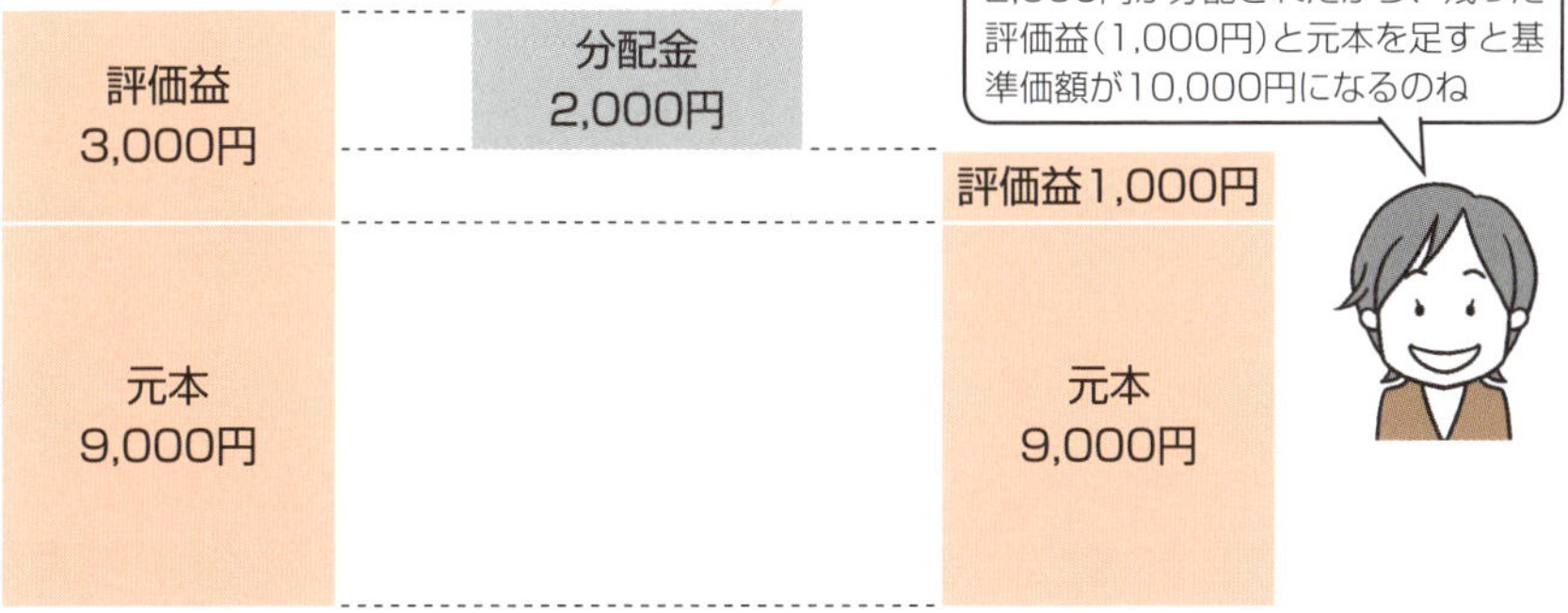

課税対象
評価益
3,000円
元本
9,000円
分配金
2,000円
評価益1,000円
元本
9,000円
2,000円が分配されたから、残った評価益（1,000円）と元本を足すと基準価額が10,000円になるのね

＜ケース②＞

元本11,000円、分配前の基準価額12,000円、分配金2,000円の場合

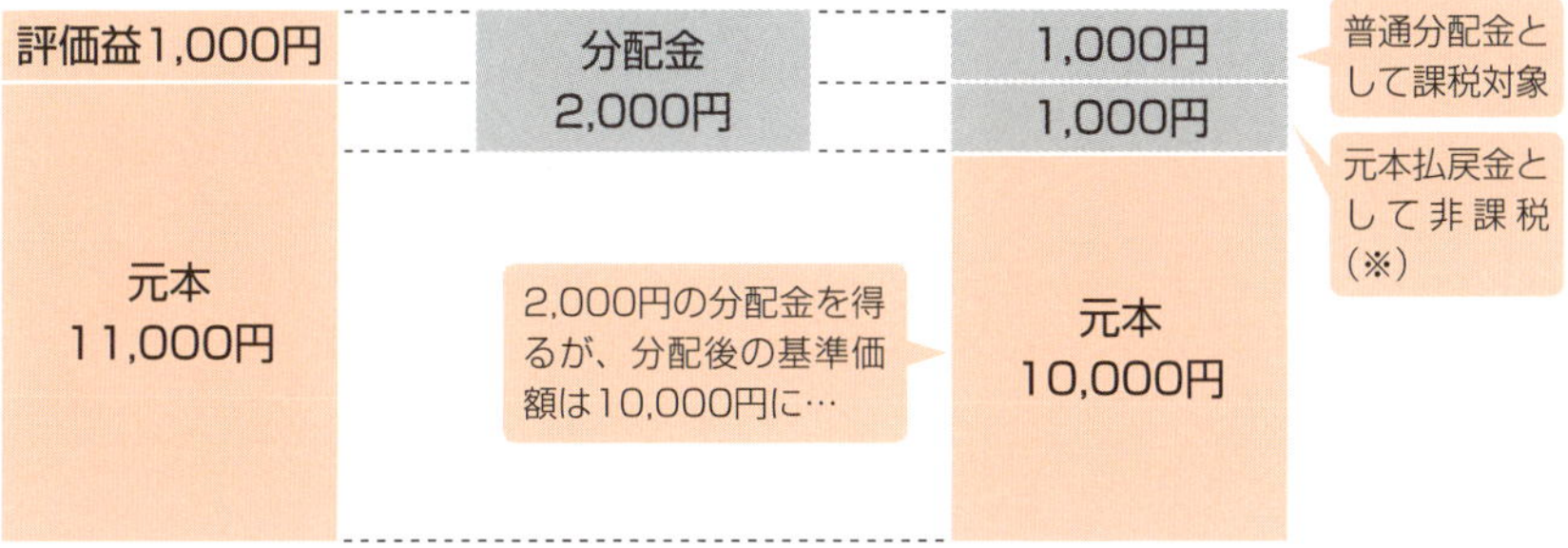

評価益1,000円
元本
11,000円
分配金
2,000円
2,000円の分配金を得るが、分配後の基準価額は10,000円に…
1,000円
1,000円
元本
10,000円
普通分配金として課税対象
元本払戻金として非課税（※）

※配当後の基準価額が元本を下回ったとき、下回る部分は非課税となる。

16

損益通算による節税

損益を相殺して税負担を軽くしよう

▼損失を利益から差し引いて税計算

収益分配金や譲渡益に課せられる所得税や住民税は、特定口座で「源泉徴収あり」を選択すると、自動的に天引きされます。ただし、この場合は投資家の全般にわたるトータルの損益までは考慮に入れられていません。例えばA証券とB証券といったように、複数の金融機関で口座を開設しているケースで考えてみましょう。

A証券とB証券の両方の口座で利益が出たときは問題ありません。しかし、A証券では利益が出たが、B証券では譲渡損が出たというときは注意が必要です。この場合、B証券では所得税はかかりませんが、A証券では約20％の所得税が課税されます。

しかし、**A証券口座、B証券口座の損益が合算させて確定申告を行なうと、A証券での利益がB証券の損失で減額され、税負担が軽くなる**のです。

▼3年まで損失を繰り越せる

また、投資信託を含む金融商品への投資で損失を抱えたとき、その**当年の損失分を翌年に繰り越すことができます。**つまり前年の損失分を翌年の利益と合算し、利益にかかる税負担を減らすことが可能です。合算させてもまだその年の譲渡益から控除しきれない損失金額は、さらに翌年まで繰り越すことができるので、**最大3年まで赤字を繰り越せます。**

用語解説

損益通算

課税計算をする際に、各種所得の金額の計算上生じた利益と損失を相殺すること。課税所得を減額（圧縮）して税負担を軽くすることが可能になる。

損益通算の例

A口座での損益 ➡ ＋2万円
B口座での損益 ➡ −1万円
} 同年度であれば損益通算で＋1万円の収益

→ 税額は、
10,000円×20.315(%)＝**2,031円**

国税（所得税と復興特別所得税）15.315%、地方税5%が課税される

損失の繰り返しの例

	年間の損益	損失の繰り越しが可能な金額	課税対象	税額
2018年 100万円の初期投資が90万円に値下がり…	−10万円	10万円 ▲10万円　損失の繰り越し	0円	0円
2019年 90万円の基準価額が93万円になった！	＋3万円	3万円　7万円 3万円相殺　▲7万円　損失の繰り越し	0円	0円
2020年 基準価額が97万円に！	＋2万円	2万円　5万円 2万円相殺　▲5万円　損失の繰り越し	0円	0円
2021年 基準価額が104万円に！	＋7万円	5万円 5万円相殺	2万円	4063円

※上記のように損益通算を行なう場合、2018〜2021年は確定申告をする必要があります。

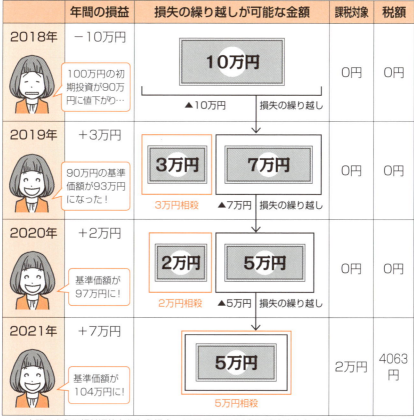

17 リスクを軽減する方法 投資は運用先や時間を分散させよう

▼分散投資でリスクを減らす

投資信託は長期保有が基本です。一時的な下落があっても、「価格が再び上昇するまでゆっくり待てばよい」というくらいに考え、相場のちょっとした変化に動じないようにすることが大切です。

しかし、投資信託は必ずしも元本保証ではありません。そこで、リスクをできるだけ軽減する方法を知っておきましょう。基本は44ページで解説した「分散投資」。具体的には、**値動きの性質の異なる複数の投資信託を購入する**方法です。実際に、販売会社には「国内株式型」「外国株式型」「国内債券型」など、タイプの違う商品が多数用意されています。値動きが異なれば、仮に国内株式型が下落しても、外国株式型が値上がりしていれば、値下がり分をカバーすることが可能です。

▼複数回に分けて購入する

「運用先の分散」のほかに**「時間を分散」させる**方法もあります。投資信託は日々、価格が変動します。まとまった資金を一度に投じた場合、購入時から価格が上昇を続ければ問題はありませんが、下落する場合もあります。仮に一括で購入した場合、投資信託の基準価額が下落すれば、損失額も大きくなってしまいます。しかし、「時間を分散」させ、資金を分けて投資すればリスクを分散させる大きな損失を被ることも回避できます。

用語解説

集中投資

資金を一つ（または少数）の投資対象にしぼって投資すること。集中的に資金を投入するため、大きなリターンを期待できるが、同時にリスクも高くなるため注意が必要。

リスクを分散させる方法

[その1 運用先を分散させる]

ポイント 国内株式型投資信託と外国株式型投資信託といったように、値動きの性質が異なる商品に分散させる

[その2 余裕資金で長期投資を行なう]

ポイント 準価額の上下は普通のことであるため、短期的な値動きに一喜一憂しない

[その3 複数回に分けて購入する]

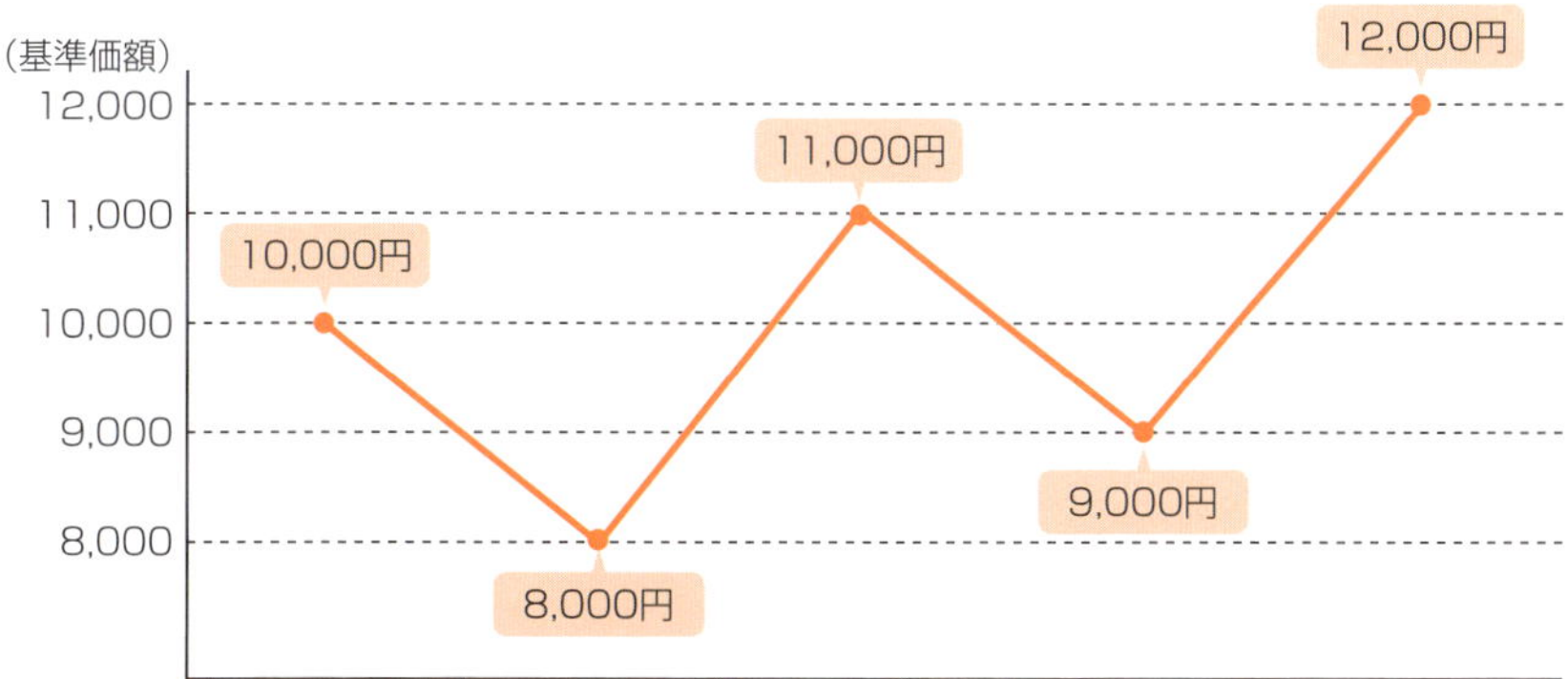

購入回数	1回目	2回目	3回目	4回目	5回目
購入資金	10万円	10万円	10万円	10万円	10万円
購入口数	10万口	12.5万口	9.1万口	11.11万口	8.33万口

- 50万円を最初にまとめて購入すると50万口
  ➡50万口÷1万口×1万2000円=60万円
- 50万円を5回に分けたら購入すると51.04万口
  ➡51.04万口÷1万口×1万2000円=61万2480円

※基準価額は1口1円で運用が開始された投資信託の場合、1万口あたりの価格が示される

Chapter 03

投資信託ってどう選ぶ？

本章のポイント

知識ゼロのアナタでも

・目論見書の見方
・リスクの避け方
・より儲けるための手法

がわかる！

今度こそ準備は万端！
いらっしゃーい
ついに投資信託デビューね！
BANK
こちらの商品は最近とても人気があって…分配金を毎月もらえる投資信託もおすすめです
じゃあそれでおまかせします！
私はこれとこれとこれと……
パラ
パラ
パラ
はーいお２人ー
はーい
またか
ちぇっ
ズル
ズル
２人とも！商品選択は真剣にやってください！
でも 投資信託はプロが運用してくれるから安心なんじゃ？
えーっ
まかせて安心でしょー
たしかにそれは大きな利点です
でも投資信託にはいろいろな商品がありますセールストークに流されるとお客にとっていい商品ではなく金融機関にとっていい商品をつかまされる恐れも……
ぜったいオススメ!!
お客によい商品
金融機関によい商品
ひどい！人間なんて信用できない！
なんですって!!
そんなことにならないためにチェックするのが目論見書です！
目論見書
やだ、この人たち極端で…
おおっ

01

投資信託の説明書

目論見書で投信の内容をよく知ろう

▼目論見書は投信の「トリセツ」

どうやって投資信託を選べばよいかを考えるためには、まず**購入を検討している投資信託について理解する必要があります。そのための手段の一つが「目論見書」**です。

目論見書とは、いわば電化製品などについてくる取扱説明書（トリセツ）のようなものです。**目論見書には「交付目論見書」と「請求目論見書」の2種類があります。**交付目論見書は購入しようという投資家に必ず交付され、請求目論見書は購入後に請求すると交付されます。請求目論見書はファンドの沿革や経理状況など詳細な情報が記載されていますが、個人投資家は交付目論見書で十分です。

▼目論見書で押さえておくべき

交付目論見書もかなりの分量がありますが、主に以下のような内容がわかりやすく記載されています。投資信託を購入する前に必ず目を通しておきましょう。

①ファンドの目的と特色…何を目的として、投資先はどこか。

②投資のリスク…変動リスクや為替リスク（外貨建ての場合）、金利変動リスクなど。

③運用成績…基準価額の変動要因や純資産総額の推移。新設のファンドでなければ過去の運用成績。

④手続きの仕方…投資信託の購入単位や手数料、信託報酬、税金など必要な諸費用。

用語解説

交付目論見書

購入しようとしている投資信託について、投資判断に必要な重要事項を説明した書類のこと。「投資信託説明書」とも呼ばれる。投資信託を購入する前に必ず投資家に交付される。

交付目論見書の読み方

[交付目論見書の表紙]

どんなタイプの商品か確認できる

目論見書には相当量のデータが盛り込まれています。最初からすべてに目を通すのはそれなりの労力がかかるため、まずは大切なポイントを押さえましょう。

現在の数値だけではなく、過去の値動きも確認できる

過去の基準価額が期間別にわかる

[基準価額の推移]

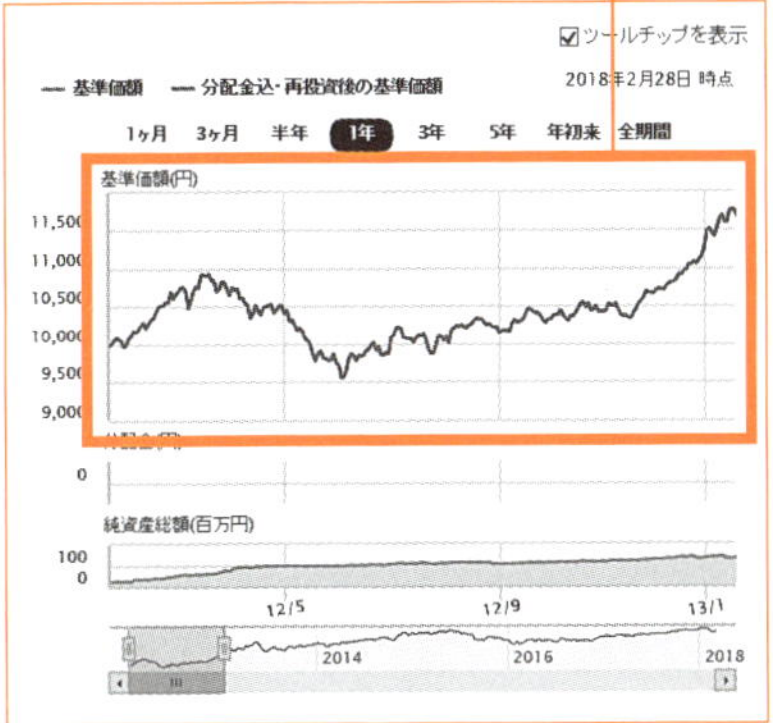

[基準価額や分配金]

▌基準価額推移 ? 過去データ

日付	基準価額	前日比
18/02/28	14,289円	-83円
18/02/27	14,372円	+42円
18/02/26	14,330円	+56円
18/02/23	14,274円	+14円
18/02/22	14,260円	-35円

▌分配金実績 ? 過去データ

決算日	分配金
2017/09/14	0円
2016/09/14	0円
2015/09/14	0円
2014/09/16	0円
2013/09/17	0円

▌基準価額騰落率（期間別） ?

期間	騰落率
前日比	-0.58%
1週間	-0.04%
1カ月	-3.03%
3カ月	-1.02%
6カ月	+1.71%
1年	+3.46%
3年	+0.46%
5年	+19.80%
10年	-

▌分配金情報

次回決算予定日 ?（権利取り最終申込予定日）	2018/09/14（2018/09/12）
直近分配金(税引前) ?	0円（2017/09/14）
設定来分配金 ?	0円
年間分配金累計 ?	0円
分配金余裕月数 ?	-
分配金健全率 ?	-
分配金利回り ?	-

※分配金余裕月数・健全率は、原則として毎月第3営業日頃にその時点で入手可能な運用報告書等を元に算出します。

[トータルリターン]

▌トータルリターン ?

	1カ月	6カ月	1年	3年	5年	設定来
本ファンド	-0.28%	3.79%	6.92%	0.99%	4.21%	45.86%
カテゴリ平均	0.43%	7.92%	13.68%	5.13%	9.64%	-

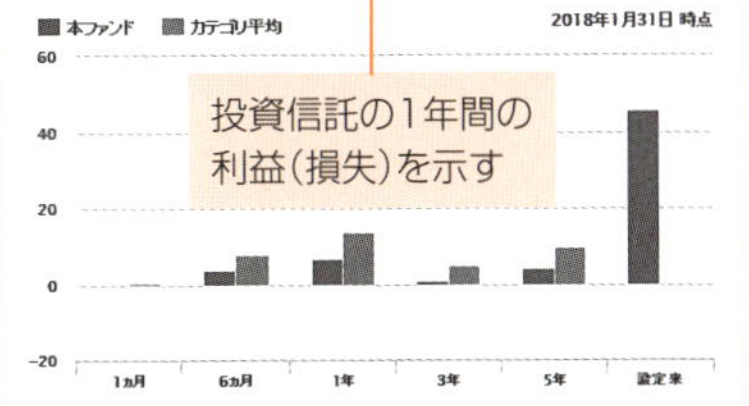

投資信託の1年間の利益（損失）を示す

目論見書の概要は、販売会社が配布するものだけはなく、販売会社や情報提供機関（モーニングスター社など）のウェブサイトでも閲覧できます。

チェックしよう

[商品分類と属性区分を見る]

- ファンドの販売会社、ファンドの基準価額等については、表紙に記載の委託会社の照会先までお問い合わせください。
- 請求目論見書については販売会社にご請求いただければ当該販売会社を通じて交付いたします。
- 販売会社に請求目論見書をご請求された場合は、その旨をご自身で記録しておくようにしてください。
- ファンドの内容に関して重大な変更を行う場合には、投資信託及び投資法人に関する法律に基づき事前に投資者のご意向を確認いたします。
- 投資信託の財産は、信託法によって受託会社において分別管理されています。

商品分類			属性区分				
単位型・追加型	投資対象地域	投資対象資産（収益の源泉）	投資対象資産	決算頻度	投資対象地域	投資形態	為替ヘッジ
追加型	内外	資産複合	その他資産*	年1回	グローバル（日本を含む）	ファンド・オブ・ファンズ	あり（適時ヘッジ）

※属性区分の投資対象資産に記載している「その他資産」は、投資信託証券（資産複合（株式、債券、不動産投信、その他資産）資産配分変更型）です。
※属性区分に記載している「為替ヘッジ」は、対円での為替リスクに対するヘッジの有無を記載しております。
商品分類及び属性区分の定義については、一般社団法人投資信託協会のホームページ（http://www.toushin.or.jp/）をご覧ください。

投資信託のタイプを示す

投資対象が国内か国外かを示す

投資をどの地域に限定しているかを示す

運用形態を示す

運用対象による分類はまず5つの「商品分類」に分けられる。「追加購入の可否」や「投資対象地域による区分」などで、さらに属性区分として細分化される。

[運用先を調べてみよう]

● セレブライフ・ストーリーの基本投資割合の変化

※セレブライフ・ストーリー2015は2015年9月15日より安定運用を開始しています。

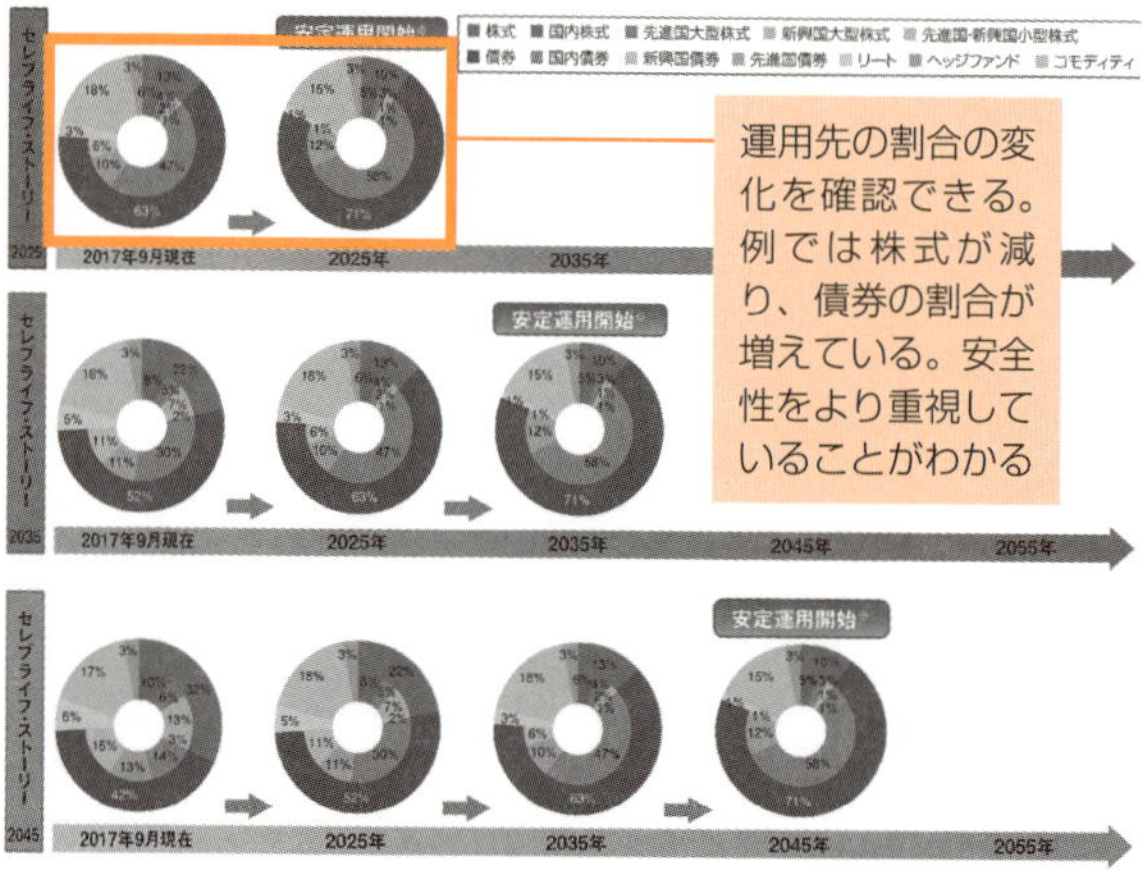

運用先の割合の変化を確認できる。例では株式が減り、債券の割合が増えている。安全性をより重視していることがわかる

どこで運用しているか、投資先についてもチェック。「国外」か「国内」か。投資する金融商品は「株式」か「債券」かなどを確認する。

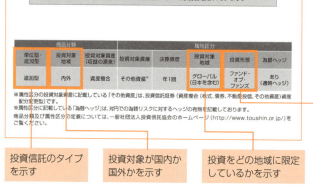

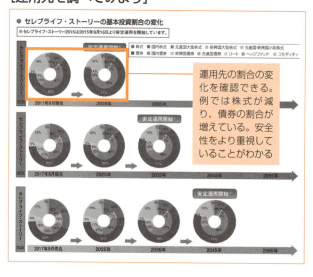

目論見書のココを

[運用先をさらに細かく見る]

株式

国内	先進国	新興国
1.上場インデックスファンドTOPIX 2.国内株式 3.TOPIX（東証株価指数） 4.日興アセットマネジメント株式会社	1.シュワブU.S.ラージキャップETF 2.先進国大型株式 3.ダウジョーンズU.S.ラージキャップ・トータル・ストック・マーケット・インデックス 4.Charles Schwab & Co.,Inc.	1.バンガード・FTSE・エマージング・マーケッツETF 2.新興国大型株式 3.FTSE エマージング・マーケッツ・オールキャップ（含む中国A株）インデックス 4.The Vanguard Group,Inc.
	1.バンガード・FTSE・ヨーロッパETF 2.先進国大型株式 3.FTSE欧州先進国オールキャップ・インデックス 4.The Vanguard Group,Inc.	**先進国・新興国** 1.バンガード・スモールキャップETF 2.先進国小型株式 3.CRSP US スモールキャップ・インデックス 4.The Vanguard Group,Inc.
	1.iシェアーズ MSCI パシフィック（除く日本）ETF 2.先進国大型株式 3.MSCI パシフィック・エックス・ジャパン・インデックス 4..BlackRock.Inc.	1.バンガード・FTSE・オールワールド（除く米国）スモールキャップETF 2.先進国・新興国小型株式 3.FTSEグローバル・スモールキャップ（除く米国）インデックス 4.The Vanguard Group,Inc.

債券

国内	先進国	新興国
1.MUAM 日本債券インデックスファンド（適格機関投資家限定） 2.国内債券 3.NOMURA-BPI総合インデックス 4.三菱UFJ国際投信株式会社	1.MUAM 外国債券インデックスファンド（適格機関投資家限定） 2.先進国債券 3.シティ世界国債インデックス（除く日本、円換算ベース） 4.三菱UFJ国際投信株式会社	1.バンガード・米ドル建て新興国政府債券ETF 2.新興国債券 3.ブルームバーグ・バークレイズ米ドル建て新興市場政府債RIC基準インデックス 4.The Vanguard Group,Inc.

オルタナティブ

ヘッジファンド	コモディティ	リート
1.IQ ヘッジ マルチストラテジー トラッカーETF 2.ヘッジファンド 3.IQ ヘッジ マルチストラテジー インデックス 4.IndexIQ Advisors LLC	1.iシェアーズ S&P GSCI コモディティ・インデックス・トラスト 2.コモディティ 3.S&P GSCI トータル・リターン指数 4.BlackRock.Inc.	1.シュワブU.S.リートETF 2.先進国リート 3.ダウジョーンズU.S.セレクト・REITインデックス 4.Charles Schwab & Co.,Inc.
	1.iシェアーズ ゴールド・トラスト 2.コモディティ 3.LBMA金価格 4.BlackRock.Inc.	

積極的にリターンを狙っているのか、安全性を重視しているかがわかる。例えば先進国での運用割合が大きければ安全性重視、新興国の運用割合が大きければ積極的にリターンを狙っているといえる。

投資先のデータもさらに細かく区分けされている。「株式」で運用されているのであれば、どんな銘柄にどれくらいの割合で投資されているか確認する。

[リスクをチェックしておく]

主な変動要因

資産配分リスク	資産配分リスクとは、複数資産への投資（資産配分）を行った場合に、投資成果の悪い資産への配分が大きかったため、投資全体の成果も悪くなってしまうリスクをいいます。本ファンドは、投資対象ファンドへの投資を通じてわが国及び海外の株式・債券・オルタナティブ資産（ヘッジファンド・コモディティ、リート（不動産投資信託））・短期金融商品に資産配分を行いますが、配分比率が高い資産の価値が下落した場合や、複数の資産の価値が同時に下落した場合、本ファンドの基準価額はより大きく影響を受け損失を被ることがあります。
株価変動リスク	一般に株価は経済・政治情勢や発行企業の業績等の影響を受け変動しますので、投資対象ファンドが組入れる株式の価格が変動し、本ファンドの基準価額は影響を受け、損失を被ることがあります。
為替変動リスク	為替レートは、各国・地域の金利動向、政治・経済情勢、為替市場の需給その他の要因により大幅に変動することがあります。組入外貨建資産について、当該外貨の為替レートが円高方向にすすんだ場合、本ファンドの基準価額は影響を受け、損失を被ることがあります。
債券価格変動リスク	債券（公社債等）は、国内外の経済・政治情勢、市場環境・需給等を反映して価格が変動します。また、債券価格は金利変動による影響を受け、一般に金利が上昇した場合には債券価格は下落します。これらの影響により債券の価格が変動した場合、本ファンドの基準価額は影響を受け、損失を被ることがあります。
リート（不動産投資信託）の価格変動リスク	一般にリート（不動産投資信託）が投資対象とする不動産の価値及び当該不動産から得る収入は、当該国または国際的な景気、経済、社会情勢等の変化等により変動します。リート（不動産投資信託）の価格及び分配金がその影響を受け下落した場合、本ファンドの基準価額は影響を受け、損失を被ることがあります。
ヘッジファンドに投資するリスク	本ファンドが投資対象とする「IQ ヘッジ マルチストラテジー トラッカーETF」は「IQ ヘッジ マルチストラテジー…ンド マネージャ…損失を被ること…
コモディティ投資リスク	一般にコモ…響を受け変動し…
カントリーリスク	投資対象フ…し、金融商品等…どが限定的なこと、価格変動性が大きいこと、決済の効率性が低いことなどから、当該リスクが高くなります。
信用リスク	投資対象フ…なくなるリスク…た、金融商品等…け、損失を被る…
流動性リスク	投資対象フ…売買できない可…基準価額は影響…

信用リスクとは、倒産や債務不履行などによって、元本の返済や金利の支払いが滞ったり、停止されたりするリスクのことをいう。

流動性リスクとは、取引高が少ない金融商品を売買する場合、必要なときに適正な価格で売却できないリスクのことをいう。

主な変動要因を確認できる。商品のタイプによって各リスクの度合いは異なる

運用先ごとにリスクも記されている。株式型投資信託であれば、「流動性リスク」「信用リスク」「為替変動リスク」などが挙げられる。

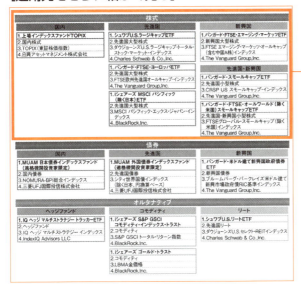

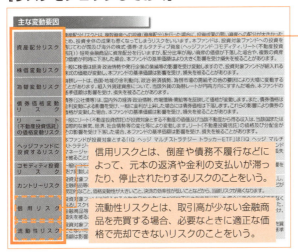

チェックしてみよう

「販売用」のパンフレットには、交付目論見書の内容がコンパクトにまとめられています。投資信託を購入する前に合わせて確認しておきましょう。

[過去の成績(基準価額)と純資産総額を見る]

セレブライフ・ストーリー2055
※旧ファンド名称:SBIセレブライフ・ストーリー2055
追加型投信/内外/資産複合　月次レポート

SBI Asset Management
販売用資料

2017年7月31日基準

基準価額等の推移

設定来の基準価額と純資産総額の推移<設定日:2012年1月23日>

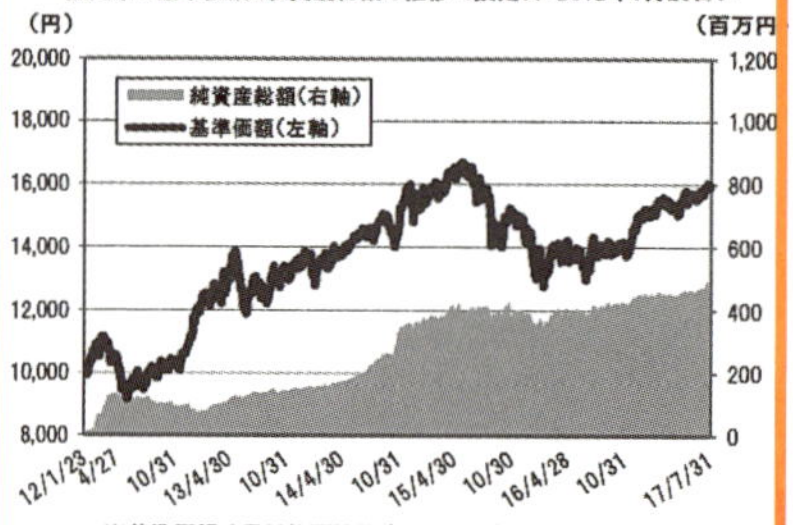

※基準価額は信託報酬控除後のものです。

基準価額と純資産総額

基準価額	前月末比	純資産総額
15,934 円	+258 円	492 百万円

ファンドの現況

期間別騰落率 (%)	
設定来	59.34
直近1カ月	1.65
直近3カ月	3.17
直近6カ月	5.59
直近1年	13.20
直近3年	9.29
直近5年	62.15

※騰落率は、税引前分配金を再投資したものとして算出した累積投資基準価額により計算しています。

組入資産の状況(%)	
投資信託証券	96.59
為替ヘッジ評価損益	-0.04
現金等	3.45
合計	100.00

基準価額と純資産総額が増えているか確認できる。特に純資産総額が増えているか確認する

[外貨建ての場合は為替ヘッジや収益分配金(過去)も見る]

為替ヘッジの状況

通貨	①外貨建資産	②為替ヘッジ	通貨エクスポージャー(①-②)
米ドル	78.4%	16.4%	62.0%

※純資産総額に対する比率です。(為替ヘッジ比率は純資産総額に対する予約外貨評価額の比率です。)
※通貨エクスポージャーとは、外貨建資産のうち、為替変動のリスクを受ける割合のことを指します。

収益分配金(税引前)の推移

	第1期	第2期	第3期	第4期	第5期	設定来累計
決算日	2012/9/14	2013/9/17	2014/9/16	2015/9/14	2016/9/14	
分配金	0円	0円	0円	0円	0円	0円

※収益分配金は1万口当たりです。

外貨建ての比率から為替リスクの度合いがわかる。比率が高ければ為替リスクも高い

「販売用」のパンフレットも

[運用先の内容をチェックする]

組入投資信託証券の状況

投資対象			投資信託証券の名称	通貨	組入比率
株式	国内		上場インデックスファンドTOPIX	円	10.4%
	先進国	大型	シュワブU.S.ラージキャップETF	米ドル	7.9%
			バンガード・FTSE・ヨーロッパETF	米ドル	2.1%
			iシェアーズ MSCI パシフィック(除く日本)ETF	米ドル	0.5%
	新興国	大型	バンガード・FTSE・エマージング・マーケッツETF	米ドル	27.7%
	先進国	小型	バンガード・スモールキャップETF ＊1	米ドル	2.9%
	新興国		バンガード・FTSE・オールワールド(除く米国)スモールキャップETF	米ドル	2.9%
債券	国内		MUAM 日本債券インデックスファンド(適格機関投資家限定)	円	1.9%
	先進国		MUAM 外国債券インデックスファンド(適格機関投資家限定)	円	5.8%
	新興国		バンガード・米ドル建て新興国政府債券ETF	米ドル	9.5%
オルタナティブ	ヘッジファンド		IQ ヘッジ マルチストラテジー トラッカーETF	米ドル	2.9%
	コモディティ		iシェアーズ S&P GSCI コモディティ・インデックス・トラスト	米ドル	3.0%
			iシェアーズ ゴールド・トラスト	米ドル	11.3%
	先進国リート		シュワブU.S.リートETF	米ドル	7.7%

★ヘッジファンドとコモディティを投資対象としているETFに対し、為替ヘッジを高位に行います。 ※組入比率は純資産総額に対する比率です。
※各比率の合計が四捨五入の関係で投資信託証券(組入資産の状況)の比率と一致しないことがあります。
＊1 バンガード・スモールキャップETFは先進国小型株式のみの組入れです。

外貨での運用は、通貨に注目する。為替の動向に要注意！

株式と債券の比率に注目する。株式の比率が高いほうが高リターンを狙った運用だといえる

[組み入れている商品の推移を見る]

(ご参考)組入投資信託証券の推移

※本ファンドの設定日を100として指数化(分配込み)したものです。

株式

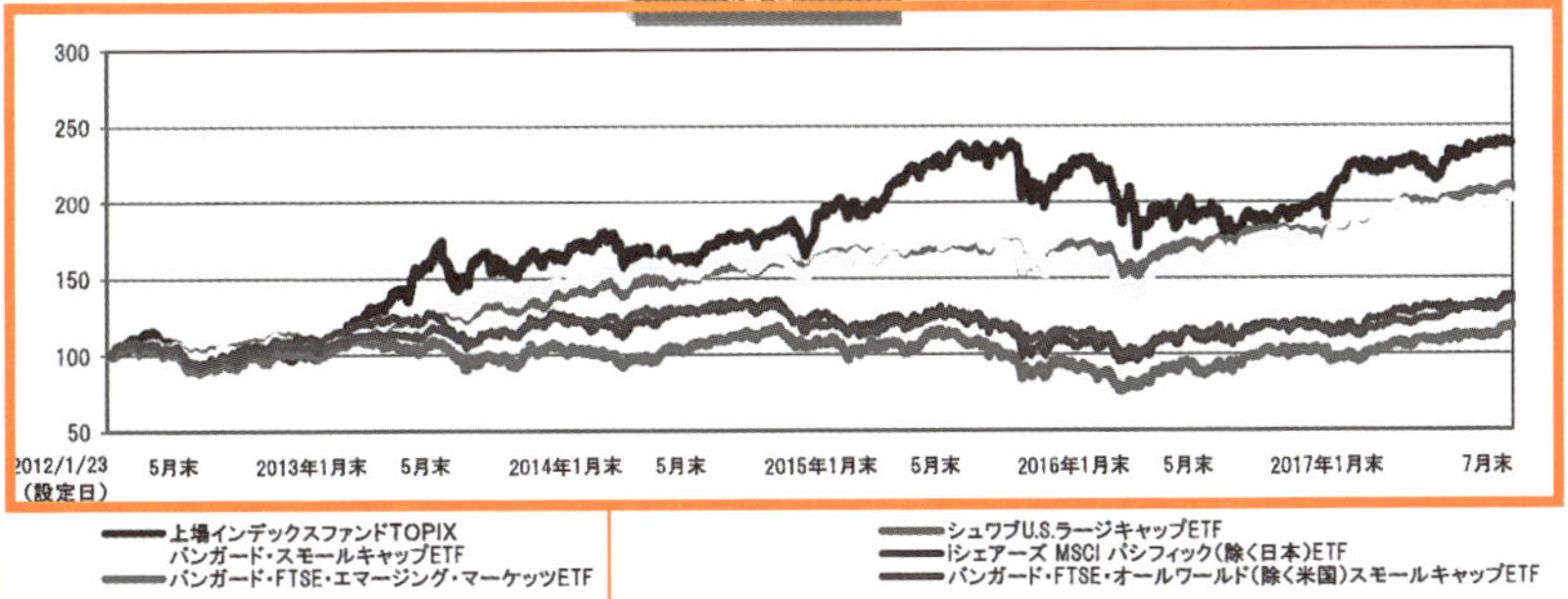

債券

組み入れられている運用先の価額が上昇傾向にあるか確認できる。組入比率が高い運用商品の推移に注目するとよい

投資信託の運用先

02 組入比率でリターンの期待度を知ろう

▼組入比率をチェックする

投資信託の種類によってその運用先は異なります。例えば国内株式型（130ページ参照）であれば日本株が主な運用先であり、債券型（134ページ参照）であれば債券が運用先になります。しかし、投資信託を実際に購入するときは、さらにどのような資産にどれだけの比率（組入比率）で運用しているかをチェックしたいものです。なぜなら、**組入比率をチェックすることで、その投資信託のリターンとリスクの度合い**がわかるからです。

例えば、組入比率が「株式20%＋債券80%」の投資信託と、「株式80%＋債券20%」の投資信託であれば、前者はリスクが低めですが、その代わりにリターンの期待度も低めです。一方、後者はリターンへの期待度が高いものの、その分、リスクも高くなります。

▼リターンへの期待大だとリスクも高い

リターンへの期待度が大きいほどリスクも高くなります。一般に**株式やコモディティでの運用はリスクが高く、債券や公社債はリスクが低くなります。**また、日本株による運用よりも、外国株式での運用のほうがリスクは高く、さらに新興国の株式による運用の場合はさらにリスクは高くなります。なお、債券型でも、信用の低い債券で運用するハイ・イールド債券型はリスクが高いため注意が必要です（152ページ参照）。

用語解説

組入比率

一つの投資信託が保有する、株式や債券などの銘柄ごとの時価総額の比率のこと。また株式が占める割合のことを「株式組入比率」という。

組入銘柄と組入比率

以下に紹介する組入銘柄と組入比率は、国内株式型投資信託（さわかみファンド）です。

特定の業種にしぼらず幅広い業種にバランスよく運用しているのがわかる

[組み入れている商品の推移を見る]

順位	銘柄	国	業種／セクター	組入比率
1位	日本電産	日本	電気機器	5.27%
2位	ブリヂストン	日本	ゴム製品	4.35%
3位	花王	日本	化学	3.88%
4位	TOTO	日本	ガラス・土石製品	3.52%
5位	ダイキン工業	日本	機械	3.22%
6位	信越化学工業	日本	化学	2.94%
7位	国際石油開発帝石	日本	鉱業	2.94%
8位	浜松ホトニクス	日本	電気機器	2.82%
9位	テルモ	日本	精密機器	2.60%
10位	トヨタ自動車	日本	輸送用機器	2.57%

（データ更新日　2018年3月30日）

投資銘柄を見ると、上記の投信信託では国際優良銘柄が多く、安定した運用を目指していることがわかる

[資産構成比]

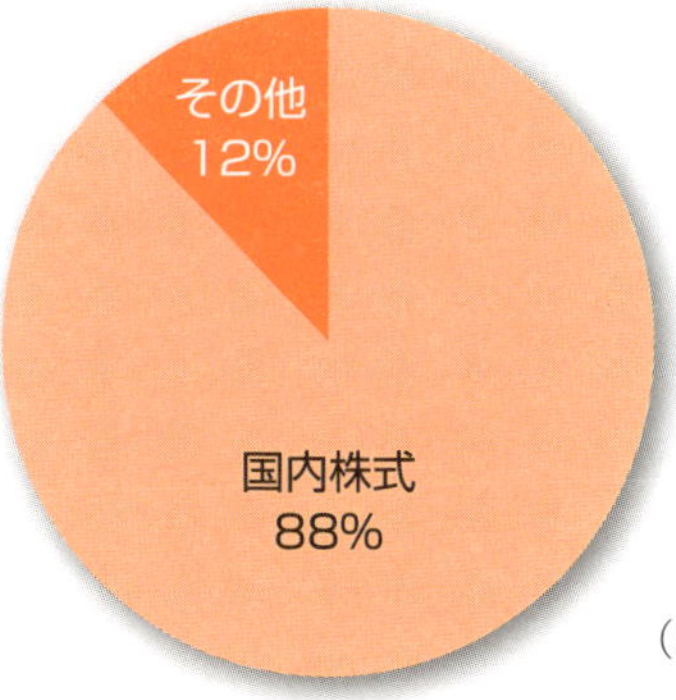

（2017年8月23日現在）

株式型投資信託ならどんな銘柄で運用しているか、上位10銘柄程度は記されています。組み入れている銘柄の入れ替えもあるのでチェックしましょう。

03

運用報告書

利益が出ているか運用成績を確認しよう

▼直近の運用成績がわかる

目論見書が投資信託の購入前に読み取る書類なら、購入後に投資信託がどのような状況になっているのかチェックできるのが「運用報告書」。**運用報告書は「交付運用報告書と「運用報告書（全体版）」の2種類があります。**

運用報告書（全体版）は、販売会社のウェブサイトなどで容易に閲覧できます。誰でも閲覧したり、ダウンロードしたりすることができます。

一方、交付運用報告書は投資信託を保有している受益者に必ず交付されます。投資信託の決算ごとに作成され、1年に1回交付されますが、短期間で決算を行なう毎月分配型の場合は6カ月に1回、交付されます。

▼運用方針や売買状況をチェック

運用報告書には、直近の運用成績などが掲載されていますが、主な記載内容には次のようなものがあります。

①**運用経過**…基準価額の推移や直近の運用成績。ベンチマークとの比較。

②**今後の運用方針**…組入資産ごとの今後の投資方針。

③**解約状況**…当期中における投信の解約数。

④**売買状況**…当期中における運用先（株式など）の売買状況など。

⑤**騰落率**…代表的な資産クラスとの騰落率の比較。

用語解説

騰落率

基準価額が一定期間において上昇したり下落したりする変動率のこと。マネー雑誌などでも、過去3カ月、6カ月、1年、3年といった期間の騰落ランキングが紹介されている。

運用報告書（全体版）の読み方

[運用報告書（全体版）の表紙]

アライアンス・バーンスタイン－
アジア・エックス・ジャパン・エクイティ・ポートフォリオ

日興ＡＢアジア・バリューファンド（愛称）

クラスＡ受益証券（円建）
クラスＢ受益証券（円建）
クラスＡ受益証券（米ドル建）

ルクセンブルグ籍オープンエンド型契約型公募外国投資信託（円建／米ドル建）

運用報告書（全体版）

作成対象期間　第７期
（2015年９月１日～2016年８月31日）

受益者の皆様へ

毎々、格別のご愛顧にあずかり厚くお礼申し上げます。
さて、アライアンス・バーンスタイン（以下「トラスト」といいます。）のポートフォリオの一つであるアジア・エックス・ジャパン・エクイティ・ポートフォリオ（愛称：日興ＡＢアジア・バリューファンド）（以下「ファンド」といいます。）は、このたび、第７期の決算を行いました。ここに運用状況および当期の監査済財務書類についてご報告申し上げます。
今後とも一層のお引立てを賜りますよう、お願い申し上げます。

ファンドの仕組みは次のとおりです。

ファンドの形態	ルクセンブルグ籍オープン・エンド型契約型公募外国投資信託（円建／米ドル建）
信託期間	ファンドの存続期間は無期限です。ただし、管理会社の決定により、ファンドを解散することができます。
運用方針	ファンドの投資目的および投資方針は、投資顧問会社により割安と判断されたアジア地域（日本を除く）の企業の株式に投資することにより長期的な元本の成長と配当収益の獲得を達成することです。
主要投資対象	ファンドの総資産の３分の２以上をアジア地域（日本を除く）の企業の株式に投資します。ファンドの投資ユニバース（投資候補銘柄群）は、MSCI オールカントリー・アジア・エックス・ジャパン指数および MSCI フロンティア・マーケッツ指数の構成国の企業の株式としますが、同指数構成銘柄以外へ投資を行う場合もあります。
ファンドの運用方法	投資顧問会社は、長期的な収益力に基づく企業の本質的な経済価値と現在の株価が乖離している銘柄を割安銘柄として追求します。運用にあたっては、ファンダメンタル分析と定量分析、二つの観点を融合し魅力度の高い銘柄を選定します。
主な投資制限	・同一発行体の譲渡可能有価証券または短期金融市場商品への投資は、原則として、ファンドの純資産総額の10%を限度とします。 ・証券取引所またはその他規制された市場において、上場または取引されていない譲渡可能有価証券または短期金融市場商品への投資は、原則としてファンドの純資産総額の10%を限度とします。 ・トラスト全体で、同一発行体の同一種類の証券への投資は、当該証券の10%を限度とします。 ・他のオープン・エンド型投資信託／投資法人への投資は、原則としてファンドの純資産総額の10%を限度とします。 ・証券の信用取引や空売りは行いません。 ・一時的措置による銀行からの借入を除き、金銭の借入を行うことはできません。また借入総額は、ファンドの純資産総額の10%を超えないものとします。
分配方針	**クラスＡ受益証券（円建）／クラスＢ受益証券（円建）** 管理会社は、各クラスに帰属するファンドの純利益から分配を宣言し、支払いを行うことができます。 **クラスＡ受益証券（米ドル建）** 管理会社は、現在のところ、分配を行わない方針です。

管理会社
アライアンス・バーンスタイン・ルクセンブルグ・エス・エイ・アール・エル

代行協会員
ＳＭＢＣ日興証券株式会社

投資信託の概略
全体の目次になっている。運用方針がおおよそ把握できるので、まずはココに注目しよう！

運用報告書（全体版）の表紙には、ファンドの運用方針や信託期間、運用対象などの概略が書かれているのね。

[当期の運用の経過]

純資産価格が右肩上がりになっているか、または下がっているかに注目する。純資産価格が下がっていたら要注意！

1万口あたりの純資産価格の動きを確認しましょう。純資産価格の動きは販売会社のウェブサイトなどでも閲覧できます。

■当期の受益証券１万口／１口当たり純資産価格の推移

クラスＡ受益証券（円建）

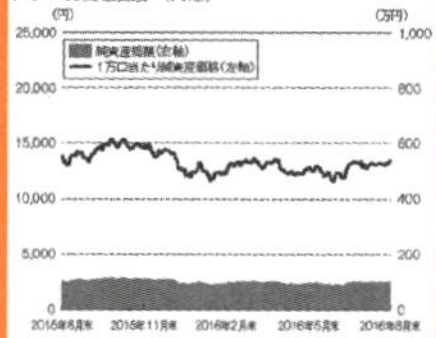

第６期末の１万口当たり純資産価格：
13,797円
第７期末の１万口当たり純資産価格：
13,439円
騰落率：
−2.6%

クラスＢ受益証券（円建）

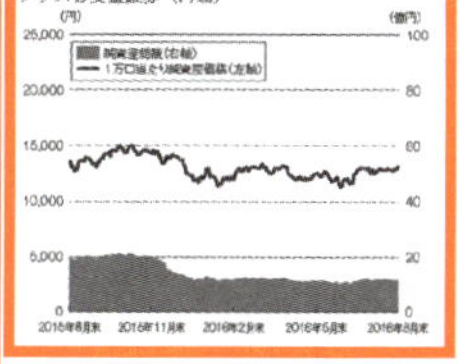

第６期末の１万口当たり純資産価格：
13,553円
第７期末の１万口当たり純資産価格：
13,140円
騰落率：
−3.0%

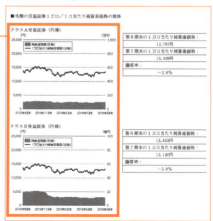

ココをチェックしよう

[運用報告書の表紙]

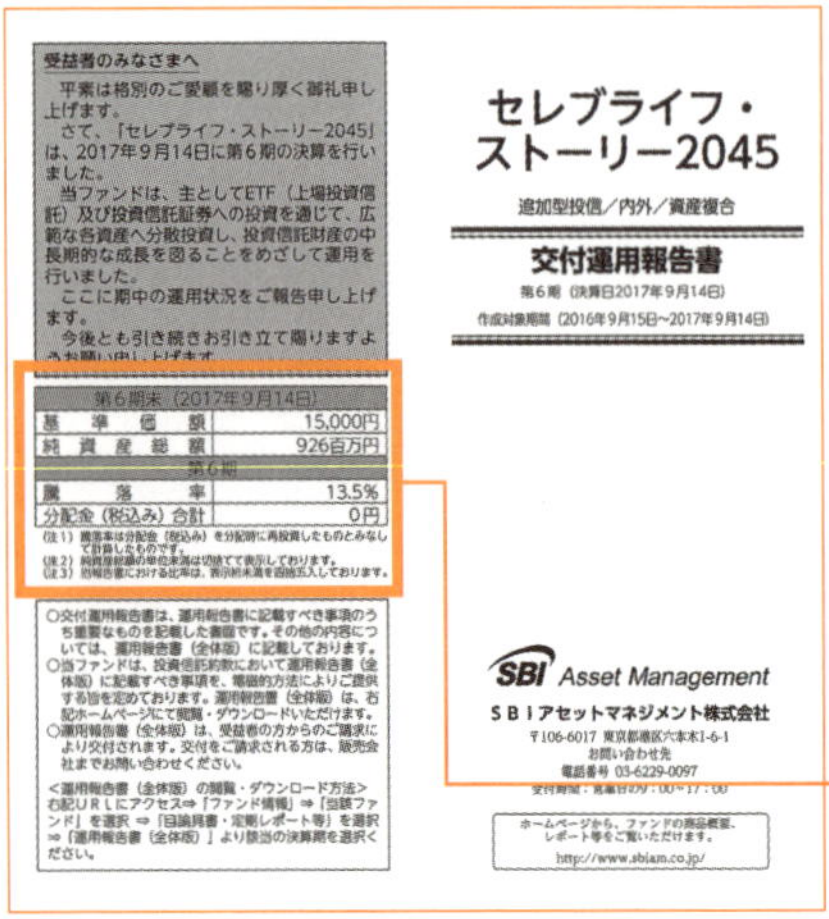

受益者のみなさまへ

平素は格別のご愛顧を賜り厚く御礼申し上げます。

さて、「セレブライフ・ストーリー2045」は、2017年9月14日に第6期の決算を行いました。

当ファンドは、主としてETF（上場投資信託）及び投資信託証券への投資を通じて、広範な各資産へ分散投資し、投資信託財産の中長期的な成長を図ることをめざして運用を行いました。

ここに期中の運用状況をご報告申し上げます。

今後とも引き続きお引き立て賜りますようお願い申し上げます。

第6期末（2017年9月14日）	
基準価額	15,000円
純資産総額	926百万円
第6期	
騰落率	13.5%
分配金（税込み）合計	0円

（注1）騰落率は分配金（税込み）を分配時に再投資したものとみなして計算したものです。
（注2）純資産総額の単位未満は切捨てて表示しております。
（注3）当報告書における比率は、表示桁未満を四捨五入しております。

○交付運用報告書は、運用報告書に記載すべき事項のうち重要なものを記載した書面です。その他の内容については、運用報告書（全体版）に記載しております。
○当ファンドは、投資信託約款において運用報告書（全体版）に記載すべき事項を、電磁的方法によりご提供する旨を定めております。運用報告書（全体版）は、右記ホームページにて閲覧・ダウンロードいただけます。
○運用報告書（全体版）は、受益者の方からのご請求により交付されます。交付をご請求される方は、販売会社までお問い合わせください。

<運用報告書（全体版）の閲覧・ダウンロード方法>
右記URLにアクセス⇒「ファンド情報」⇒「当該ファンド」を選択⇒「目論見書・定期レポート等」を選択⇒「運用報告書（全体版）」より該当の決算期を選択ください。

セレブライフ・ストーリー2045

追加型投信／内外／資産複合

交付運用報告書

第6期（決算日2017年9月14日）

作成対象期間（2016年9月15日～2017年9月14日）

SBI Asset Management

SBIアセットマネジメント株式会社

〒106-6017 東京都港区六本木1-6-1

お問い合わせ先

電話番号 03-6229-0097

ホームページから、ファンドの商品概要、レポート等をご覧いただけます。

http://www.sbiam.co.jp/

運用成績を簡潔に表示しているので、まずココに注目！

交付運用報告書の表紙にもサマリー（要約）情報が掲載されているのね。重要なデータがまとまっているのでわかりやすい！

[基準価額の推移]

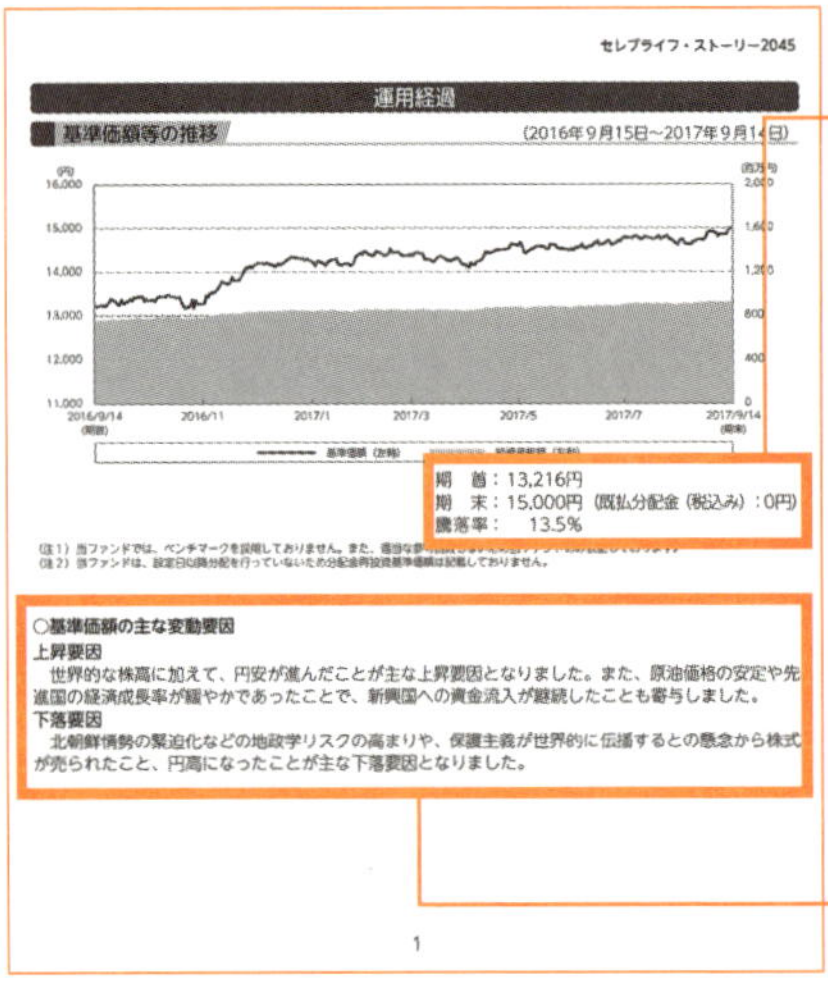

セレブライフ・ストーリー2045

運用経過

基準価額等の推移　（2016年9月15日～2017年9月14日）

期　首：13,216円
期　末：15,000円（既払分配金（税込み）：0円）
騰落率：　13.5%

（注1）当ファンドでは、ベンチマークを設定しておりません。また、
（注2）当ファンドは、設定日以降分配を行っていないため分配金再投資基準価額は記載しておりません。

○基準価額の主な変動要因

上昇要因

世界的な株高に加えて、円安が進んだことが主な上昇要因となりました。また、原油価格の安定や先進国の経済成長率が緩やかであったことで、新興国への資金流入が継続したことも寄与しました。

下落要因

北朝鮮情勢の緊迫化などの地政学リスクの高まりや、保護主義が世界的に伝播するとの懸念から株式が売られたこと、円高になったことが主な下落要因となりました。

1

基準価額の推移が確認できる。基準価額が上昇していれば、運用がうまく行なわれていることを示す

基準価額の推移が折れ線グラフで示されています。基準価額の変動要因、1万口あたりの費用明細なども記されています。

基準価額に影響を与える要因が示されている

[組入資産の内容]

投資信託の運用先について、国や通貨、銘柄などから確認できる

セレブライフ・ストーリー2045

当ファンドのデータ

組入資産の内容 (2017年9月14日現在)

○組入上位ファンド

銘柄名	第6期末
	%
バンガード・米ドル建て新興国政府債券ETF	14.7
MUAM 日本債券インデックスファンド(適格機関投資家限定)	13.5
バンガード・FTSE・エマージング・マーケッツETF	12.7
組入銘柄数	14銘柄

(注1) 組入比率は純資産総額に対する評価額の割合です。
(注2) 組入銘柄に関する詳細な情報等につきましては、運用報告書(全体版)に記載されています。

○資産別配分　○国別配分　○通貨別配分

(注1) 資産別配分の比率は純資産総額に対する割合です。
(注2) 国別配分は発行国を表示しております。
(注3) 国別・通貨別配分は組入投資信託証券の評価額に対する比率です。

純資産等

項目	第6期末 2017年9月14日
純資産総額	926,419,660円
受益権総口数	617,631,761口
1万口当たり基準価額	15,000円

(注) 期中における追加設定元本額は146,079,642円、同解約元本額は95,074,753円です。

11

組み入れた資産を「国別」「通貨別」「銘柄別」などを円グラフで表示してあります。例では、アメリカが運用先の60%超となっているため、アメリカの経済動向に大きく左右されることがわかります。

[組み入れ先の詳細(組入上位銘柄)]

組み入れ先の詳細からわかる。例では、組み入れられている債券は、新興国政府の債券で、グローバルに運用されている

セレブライフ・ストーリー2045

組入上位ファンドの概要

バンガード・米ドル建て新興国政府債券ETF

【基準価額の推移】
(2016年5月2日~2017年4月28日)

【組入上位10銘柄】
(2017年4月30日現在)

	組入上位10銘柄	比率
		%
1	Petrobras Global Finance BV	1.0
2	Russian Federation	0.7
3	Russian Federation	0.6
4	Kingdom of Saudi Arabia	0.5
5	Russian Federation	0.5
6	Argentine Republic	0.5
7	RUSSIAN FEDERATION (GOVERNMENT)	0.4
8	Republic of Peru	0.4
9	Kingdom of Saudi Arabia	0.4
10	Kingdom of Saudi Arabia	0.4
	組入銘柄数	971銘柄

(注) 比率は純資産総額に対する割合です。

【1万口当たりの費用明細】
入手可能な1万口当たりの費用明細のデータが存在しないため、掲載しておりません。

【資産別配分】　【国別配分】　【通貨別配分】

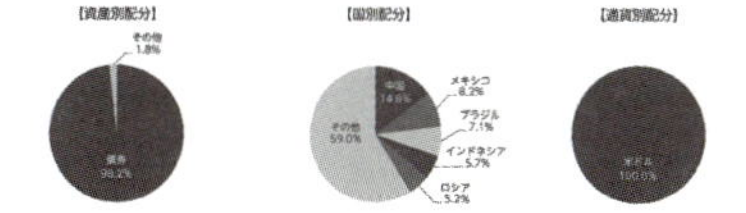

(注1) 資産別・国別・通貨別のデータは2017年4月30日現在のものです。
(注2) 資産別・通貨別配分の比率は純資産総額に対する割合です。
(注3) 国別配分は金融商品等の評価額に対する比率です。
(注4) 国別配分は発行国を表示しております。

※Bloomberg及びThe Vanguard Group, Inc.のデータを基にSBIアセットマネジメントが作成

12

組み入れ先の資産の詳細(上位10銘柄など)が表示されているね。組み入れ先の変化を見逃さずチェックしよう!

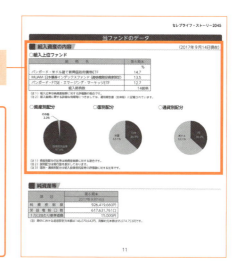

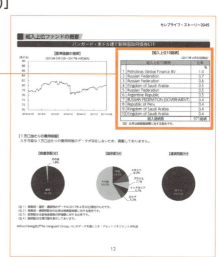

04

売買高比率

運用商品の入れ替え頻度を確認しよう

▼運用報告書で確認できる

投資信託の運用は長期投資が基本です。運用期間中の分配金の再投資で複利効果を狙ったり、運用期間を長めに設けてリスクを分散したりするメリットがあるわけですが、商品によってはそれらのメリットを生かし切れていないものもあります。もしファンドが運用先の金融商品を頻繁に入れ替えているとしたら、果たして長期投資といえるでしょうか。

例えばファンドが運用先として組み入れた株式などを、一定期間にどれくらい売買しているかの回転率を「売買高比率」といいます。つまり、売買高比率の数字が小さければ小さいほど、売買の回転数が少ないといえます。反対に高ければ高いほど活発に売買され、頻繁に銘柄を入れ替えているといえます。この数値は運用報告書にも記載されています。

▼組み換えが多いとコスト増

頻繁に銘柄を入れ替えているのは運用成績がよくなかった可能性が考えられます。また運用商品を頻繁に入れ替えれば、それだけ売買手数料などのコストもかさむため、最終的に投資家へ還元する利益が減っていきます。

実際の運用報告書で売買高比率を見てみましょう。左ページの図は「日経225ノーロードオープン」の運用報告書です。「株式売買金額の平均組入株式時価総額に対する割合」と「組入上位10銘柄」を確認しましょう。

用語解説

売買高比率

一定期間にどれくらい売買したかを示す回転率のこと。投資信託の純資産額が200億円で決算期間中に有価証券の売買金額がトータルで600億円の場合、売買高比率は3.0となる。

運用報告書で売買高比率をチェックする

[運用報告書]

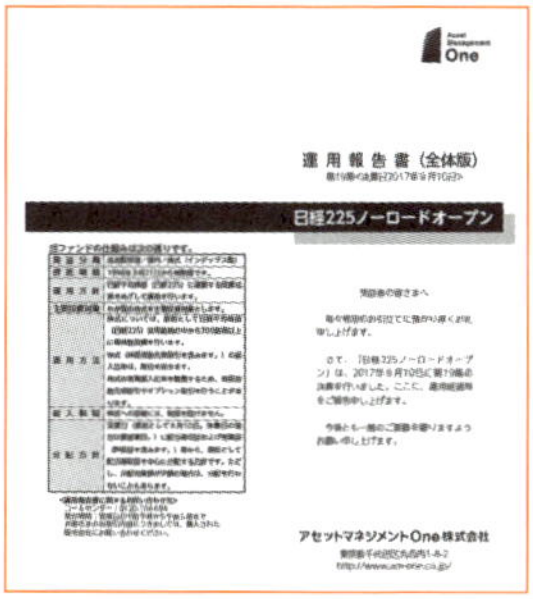
Asset Management One

運用報告書（全体版）

日経225ノーロードオープン

アセットマネジメントOne株式会社

売買回転数が高いということは、運用成績が思わしくないケースが多いです。売買回転数は「1」以下が望ましいといえます。

運用報告書で組み入れられた商品の入れ替えをチェックする

[売買高比率]

■株式売買金額の平均組入株式時価総額に対する割合

項目	当期
(a) 期中の株式売買金額	176,423,209千円
(b) 期中の平均組入株式時価総額	135,028,649千円
(c) 売買高比率 (a)／(b)	1.30

(注) (b)は各月末の組入株式時価総額の平均です。

「株式売買金額の平均組入株式時価総額に対する割合」をチェックする

■利害関係人との取引状況等（2016年8月11日から2017年8月10日まで）

(1) 期中の利害関係人との取引状況

決算期	当期					
区分	買付額等 A	うち利害関係人との取引状況B	B／A	売付額等 C	うち利害関係人との取引状況D	D／C
	百万円	百万円	%	百万円	百万円	%
株式	52,153	8,297	15.9	124,269	31,498	25.3
株式先物取引	257,835	225,452	87.4	266,809	240,002	90.0

○組入上位10銘柄

期首（前期末）

No.	銘柄名	通貨	比率
1	ファーストリテイリング	日本・円	8.0%
2	KDDI	日本・円	4.2
3	ソフトバンクグループ	日本・円	4.1
4	ファナック	日本・円	3.7
5	京セラ	日本・円	2.2
6	ダイキン工業	日本・円	2.0
7	テルモ	日本・円	1.9
8	東京エレクトロン	日本・円	1.9
9	アステラス製薬	日本・円	1.8
10	セコム	日本・円	1.7
組入銘柄数		225銘柄	

➡

期末

No.	銘柄名	通貨	比率
1	ファーストリテイリング	日本・円	5.8%
2	ソフトバンクグループ	日本・円	4.7
3	ファナック	日本・円	3.9
4	KDDI	日本・円	3.1
5	東京エレクトロン	日本・円	2.7
6	京セラ	日本・円	2.4
7	ダイキン工業	日本・円	2.0
8	日東電工	日本・円	1.8
9	信越化学工業	日本・円	1.7
10	テルモ	日本・円	1.6
組入銘柄数		225銘柄	

(注) 組入比率は純資産総額に対する割合です。

組入銘柄の変化に注目する

上記の例の場合、個別銘柄ではファーストリテイリングが8.0%から5.8%に下げられています。

05

純資産総額

総額よりも増減に注目しよう

ファンドの資産規模を表す純資産総額

投資信託を購入する際には、「純資産総額」もチェックしましょう。**この純資産総額は投資信託の規模を示し、組み入れられている金融商品の時価総額**になります。

純資産総額は大小について、どちらがよいのか一概には断定できませんが、最初は純資産総額が大きい投資信託を選択するほうが無難です。その理由は、純資産総額が大きい投資信託のほうが、投資先が増えるため、分散投資の効果もより大きくなるからです。

純資産総額の減少に要注意

ただし、純資産総額をチェックする際は、純資産総額そのものより、その増減が重要です。純資産総額が増減する原因は2つあります。一つは「資金の流出入」です。投資信託の追加設定によって、新たに購入する投資家が増えれば純資産総額も増えていき、反対に売却する投資家が増えれば純資産総額も減っていきます。もう一つの原因は「価格の上昇・下落」です。組み入れた金融資産の価格が上昇すれば時価総額も増え、価格が下がれば時価総額も減っていきます。

資金が流出し続けている投資信託は十分な資産運用ができなくなる恐れがあります。特に**類似ファンドに比べて運用成績が著しく劣っていたり、中途解約が続いて純資産額が大きく減少したりする**場合は要注意です。

用語解説

投資評価会社

第三者の立場から投資信託の運用パフォーマンスを評価する機関。なお、評価機関によって同じ投資信託への評価が異なることもめずらしくない。

投資評価会社のウェブサイトをチェックしよう

[純資産総額による比較]

［データ日付］ 2018/05/10

チェックした投資信託を（※5つまで選択可） 比較する

順位	ファンド名	会社名	カテゴリー	純資産額（百万円）	総合レーティング	比較
1	TOPIX連動型上場投資信託	野村	国内大型ブレンド	7,788,638	★★★★	□
2	日経225連動型上場投資信託	野村	国内大型グロース	5,730,068	★★★★	□
3	ダイワ 上場投信-トピックス	大和	国内大型ブレンド	3,680,946	★★★★	□
4	上場インデックスファンドTOPIX『愛称：上場TOPIX』	日興	国内大型ブレンド	3,398,977	★★★★	□
5	上場インデックスファンド225『愛称：上場225』	日興	国内大型グロース	2,936,456	★★★★	□
6	ダイワ 上場投信-日経225				★★★★	□
7	MAXIS 日経225上場投信				★★★	□
8	MAXIS トピックス上場投信				★★★★	□
9	フィデリティ・USハイ・イールドF				★★★	□
10	フィデリティ・USリートB(H無)					

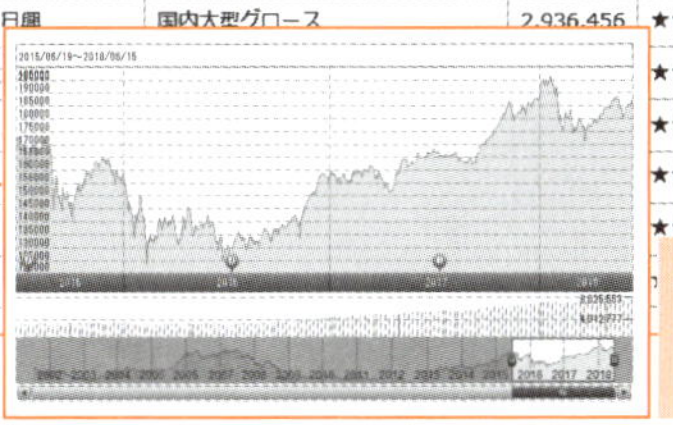

過去の基準価額を見るとほぼ右肩上がり

➡純資産総額が大きい投資信託は、安定的に運用されているといえる

[純資産増加額による比較]

［データ日付］ 2018/06/15

チェックした投資信託を（※5つまで選択可） 比較する

順位	ファンド名	会社名	カテゴリー	純資産額（百万円）	純資産増加額（百万円）	増加率(%)	総合レーティング	比較
1	MAXIS 日経225上場投信	三菱UFJ国際	国内大型グロース	1,399,136	63,433	4.75%	★★★	□
2	上場インデックスファンド225『愛称：上場225』	日興	国内大型グロース	3,024,300	42,095	1.41%	★★★★	□
3	One ETF 日経225	アセマネOne	国内大型グロース	212,389	39,391	22.77%	★★★	□
4	One ETF トピックス	アセマネOne	国内大型ブレンド	128,364	25,691	25.02%	--	□
5	ワールド・フィンテック革命ファンド(H無)	大和	国際株式・グローバル・					□
6	iシェアーズ JPX/S&P 設備・人材投資ETF	ブラックロック						□
7	TOPIX連動型上場投資信託	野村					★★★★	□
8	上場インデックスファンドTOPIX『愛称：上場TOPIX』	日興					★★★★	□

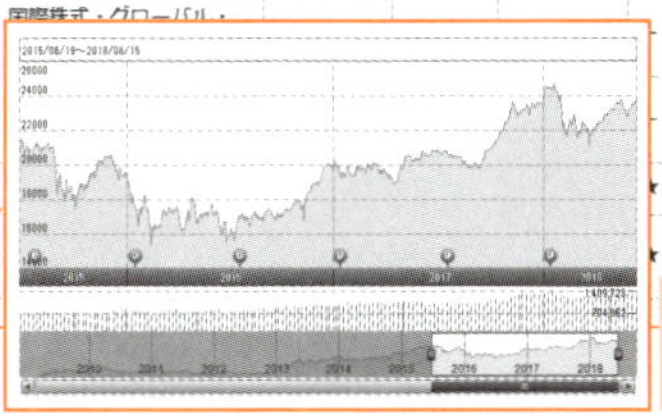

基準価額が上昇している

➡純資産が増えている原因には、「基準価額が上昇している」「資金が流入している」の2つが考えられる

➡反対に純資産額が大きく減少している場合、運用会社のウェブサイトには要因や今後の見通しなどが記載された臨時レポートが掲載されることがあるので要確認

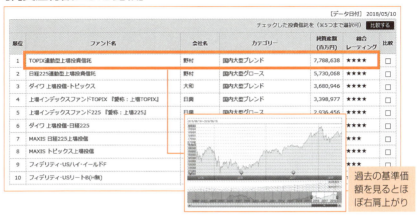

06

ファンドの運用先のリスク

格付けで破たんリスクを確認しよう

▼ファンドの運用商品の安全度

本書で何度も解説している通り、投資信託はプロに運用を任せられるのが大きなメリットです。ただし、慎重を期して、自分が購入しようとする投資信託がどんな金融商品で運用しているかを確認したいという場合は、「格付け」が一つの目安となります。

格付けとは、格付投資情報センター（R&I）やムーディーズ社といった格付け会社によって株式などの信用度をランク分けしたものをいいます。そのランクはAAA（トリプルA）やBaといった記号で記されます。Aの記号が多ければ信用度が高く、BやCとなれば、信用度が低くなります。信用度が低いとそれだけ破たんする確率が高いことを示します。ファンドの投資先を確認する際は、その商品の格付けをチェックすると、そのファンドの特色がわかります。

▼運用商品のリスクに注目する

投資信託は、信用度の高い商品で運用しているファンドのほうが、安全度は高いといえます。リスクが高い投資先で運用しているのは利回りがよいなどの理由があるからですが、格付けの低い運用商品には、一般に信用リスク（債務不履行の危険性）やカントリーリスク（特定の国・地域の政治・経済・社会情勢の変化によって損失を被るリスク）などがつきまといます。

用語解説

格付け会社

債券、株式を発行した団体に対する信用リスクを調査する機関。政府に登録されている格付け機関は現在7社。

運用商品の格付けをチェックする

以下の表は格付投資情報センターの格付けです。「AAA」が最も信用力が高く、格付けが下がるにつれて破たんの懸念が高くなります。

格付け	評価
AAA	信用力は最も高く、多くの優れた要素がある
AA	信用力は極めて高く、優れた要素がある
A	信用力は高く、部分的に優れた要素がある
BBB	信用力は十分であるが、将来環境が大きく変化する場合、注意すべき要素がある
BB	信用力は十分であるが、将来環境が大きく変化する場合、注意すべき要素がある
B	信用力に問題があり、たえず注意すべき要素がある
CCC	信用力に重大な問題があり、金融債務が不履行に陥る懸念が強い
CC	発行体のすべての金融債務が不履行に陥る懸念が強い
D	発行体のすべての金融債務が不履行に陥っているとR&I が判断する格付け

投資適格（AAA〜BBB）

国内のAAAの発行体で、デフォルト（破たん）したケースは過去10年で0

投資不適格（BB〜D）

「投資不適格」でデフォルトした企業には「日本航空」「ダイエー」「雪印乳業」など

（格付投資情報センター「発行体格付」より引用）

運用先の格付けではなく、投資信託そのものの格付けもあります。評価機関は第三者の立場から、それぞれの投資信託を投資目的や運用方針によって分類したうえで、運用成績を客観的に評価しています（評価結果は★の数などによって格付け）。ただし、投資信託の評価は、格付けを行なう評価機関によって異なる場合があります。また、評価結果は過去の実績に基づくものであり、今後も期待通りの運用成果を保証するものではないので注意しましょう。

07 投資信託にかかるコスト①
商品によって異なる購入手数料

▼購入手数料がかかる

例えば銀行に預金をする場合であれば、通常、利用者側に手数料などのコストが発生することはありません。しかし**投資信託を購入する場合は、購入手数料がコストとして発生**します。購入手数料は、証券会社などの販売会社の収入になります。手数料は投資信託の種類や販売会社によって料率がまちまちですが、投資信託購入金額の1~3%が目安です。

仮に10万円の投資信託を購入し、購入手数料が2%の投資信託としましょう。この手数料には8%の消費税がかかるため、購入時のコストは次の式で求められます。

10万円×（2+0.16）%=2160円

つまり、10万2160円が初期費用となります（左ページ参照）。

▼ノーロードの商品に注目する

2.16%の手数料は、年率にすると決して小さくないコストになります。しかし購入時に1回だけ支払うコストであるため、投資信託の保有を1年の場合は高コストになりますが、3年、5年と保有期間が長期になる場合はコストが軽減できることになります。

投資信託の中には、**購入手数料が無料（ノーロード）の商品もあります。**ノーロードはネット証券に多い商品です。コストを低く抑えたい人は、ノーロードの投資信託を中心に比較検討してみましょう。

用語解説

ノーロード

投資信託の購入時には購入手数料が徴収されるが、購入手数料がかからないことをノーロード、また購入手数料のかからない投資信託をノーロードファンドと呼ぶ。

購入手数料の計算例

以下は手数料2%の投資信託を、10万円分購入した場合の例です。手数料別（口数指定）と手数料込み（金額指定）の2つのパターンがあります。

[手数料別の場合]

（1口＝1円）

100,000円 × （2 + 0.16）% = 2,160円

（2：手数料　0.16：消費税）

↓

100,000円 + 2,160円 = 102,160円

（100,000円：10万口　102,160円：トータルの購入資金）

注文時には基準価額がわからないから、口数指定だと最終的に金額がいくらになるかわからないのね

[購入手数料3%(税抜き)の投資信託を購入した場合の1年あたりの負担率の推移]

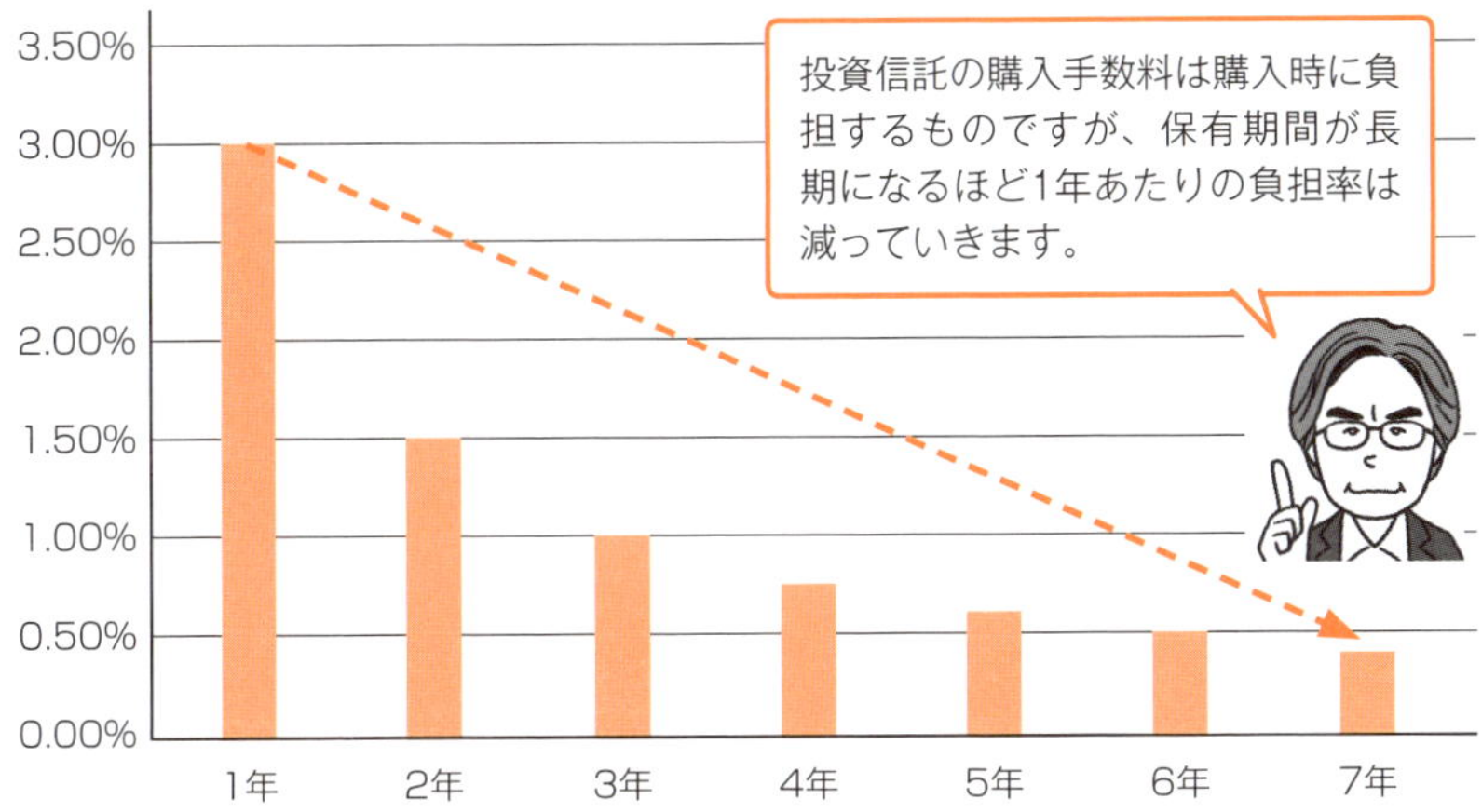
3.50%
3.00%
2.50%
2.00%
1.50%
1.00%
0.50%
0.00%
1年
2年
3年
4年
5年
6年
7年
投資信託の購入手数料は購入時に負担するものですが、保有期間が長期になるほど1年あたりの負担率は減っていきます。

08

投資信託にかかるコスト②

保有中は運用管理費を毎日支払う

▼毎日差し引かれる運用管理費

購入手数料はいわば初期費用で、購入時に一回だけかかるコストです。これに対して**運用管理費（信託報酬）は投資信託を保有している間は毎日差し引かれるコスト**です。

投資信託は募集・販売を行なう金融機関（販売会社）、資産を管理する受託銀行（管理会社）、運用の指示を出す投資信託会社の3つがかかわっていますが、投資信託を保有する投資家はこの3社に運用管理費をコストして支払います。この運用管理費は投資信託の信託財産から差し引かれていきます。仮に運用管理費の料率が年率2％なら、毎日その365分の1の率が信託財産から引かれます。

▼料率が低いものを選ぶ

購入手数料は一回だけの負担であるため、長期で保有すればコストが軽減されていく計算になります。しかし、運用管理費は日々差し引かれるため、長期保有でもコストが軽減されるわけではありません。また、運用管理費は保有残高に対してかかるため、保有額が大きければ、負担する額も大きくなります。そのため、**料率ができるだけ低いものを選ぶことがポイント**です。ただし料率が低いからといって、必ずしもよい投資信託とはかぎりません。料率が低くても運用パフォーマンスが悪くて利益が出なければ、結果として投資家にとってよい商品とはいえないからです。

用語解説

運用管理費

投資信託の運用・管理の対価として投資信託財産から支払われる費用。信託財産から毎日控除され、純資産総額を口数で割った数値が基準価額となる。

信託報酬の違いによる収益の違い

[100万円を以下の条件で10年間運用した場合]

	ファンドA	ファンドB	費用ゼロ
投資金額	100万円	100万円	100万円
期待収益率	3.00%	3.00%	3.00%
運用期間	10年	10年	10年
信託報酬(税抜き)	1.70%	0.18%	0.00%
信託報酬(税込み)	1.84%	0.19%	0.00%

	ファンドA	ファンドB	費用ゼロ
収益	312,782円	340,433円	343,916円
費用	218,372円	87,003円	0円
投資損益	94,411円	253,431円	343,916円
資産価値	1,094,411円	1,253,431円	1,343,916円

費用ゼロの場合 ⇒ 10年間累計の収益は、343,916円のプラス
ファンドA ⇒ 10年間累計の収益は、312,782円のプラス
ファンドB ⇒ 10年間累計の収益は、340,433円のプラス
※費用支払い等(信託報酬)の差により、元本が減少した分、複利効果が低下したため収益に違い出る

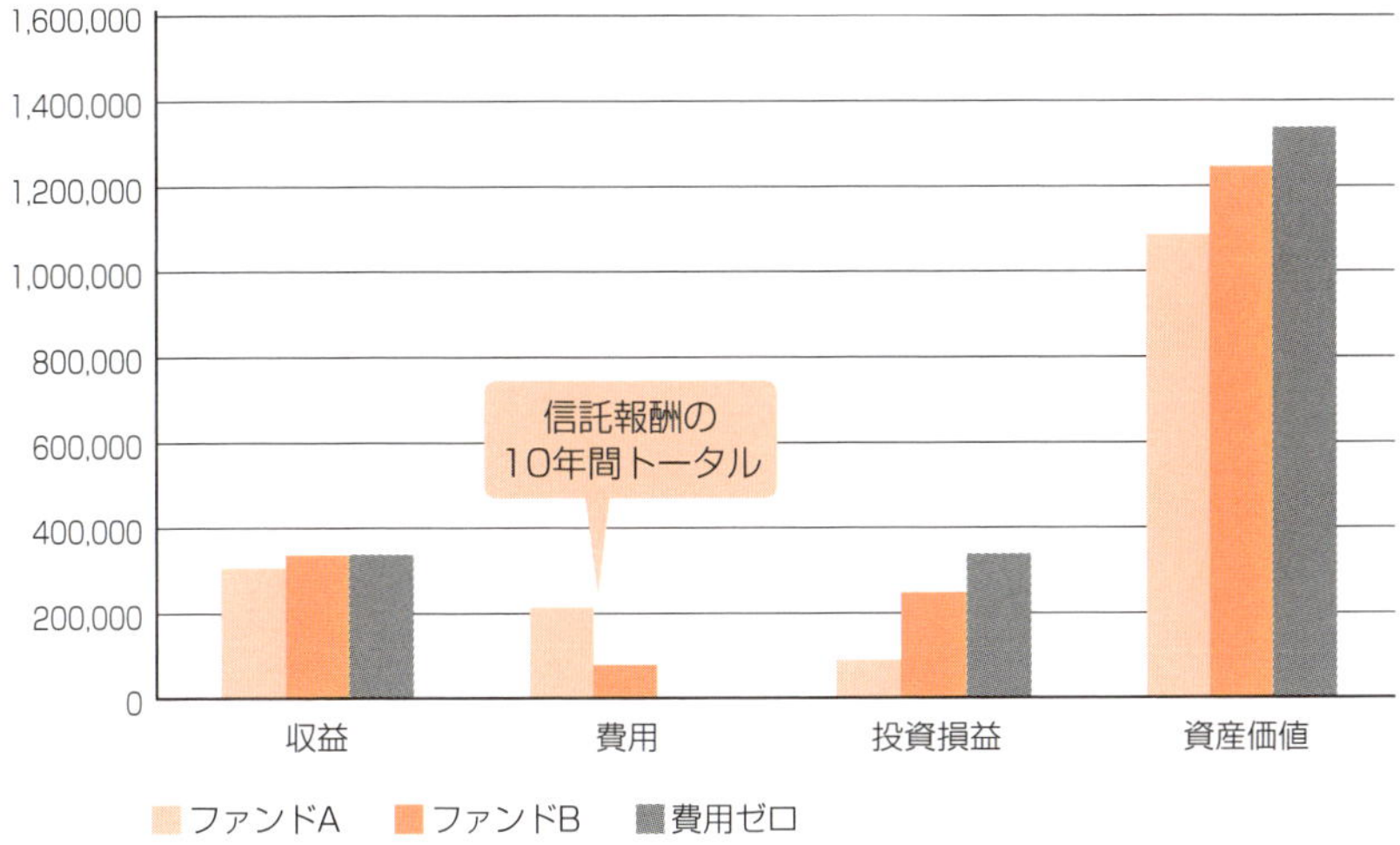

09

分配金の受け取りと再投資

無分配型で複利効果を狙おう

▼定期的に分配金を得られるタイプ

投資信託は分配金があるタイプとないタイプがあります。**分配金があるタイプの投資信託であれば、定期的に利益を得られます。**生活費や年金の足しにしたいと考えるなら、この分配金を受け取るタイプがよいでしょう。ただし、分配金は投資信託の純資産総額から支払われるため、基準価額が下がる点にも留意しましょう。

分配金は、**毎月支払われるタイプや、半年や1年に1回支払われるタイプといったようにその種類もさまざま。**投資信託の購入時、あるいは申し込み時に渡される「目論見書」(88ページ参照)で確認しましょう。

▼再投資で複利効果に期待する

一方、「無分配型」といって分配金がない投資信託の場合、**分配金として受け取れる利益分は、そのまま純資産総額に組み込まれる**ことになります。

つまり**得られた利益は再投資されるため、複利効果が大きくなります。**資産を長期的に大きく増やす目的で購入するなら、分配金を自動的に再投資するコース(無分配型)を選択するとよいでしょう。

なお、投資信託によっては、「分配金はあるけど再投資が可能」なタイプの商品もあります。いわば、分配金があるタイプと無分配型の中間の投資信託です。

用語解説

分配金

分配可能原資と呼ばれる資金から、決算後に支払われる金額のこと(支払われない場合もある)。税金がかかる「普通分配金」と、税金がかからない「元本払戻金」がある。

分配金の受け取りと再投資

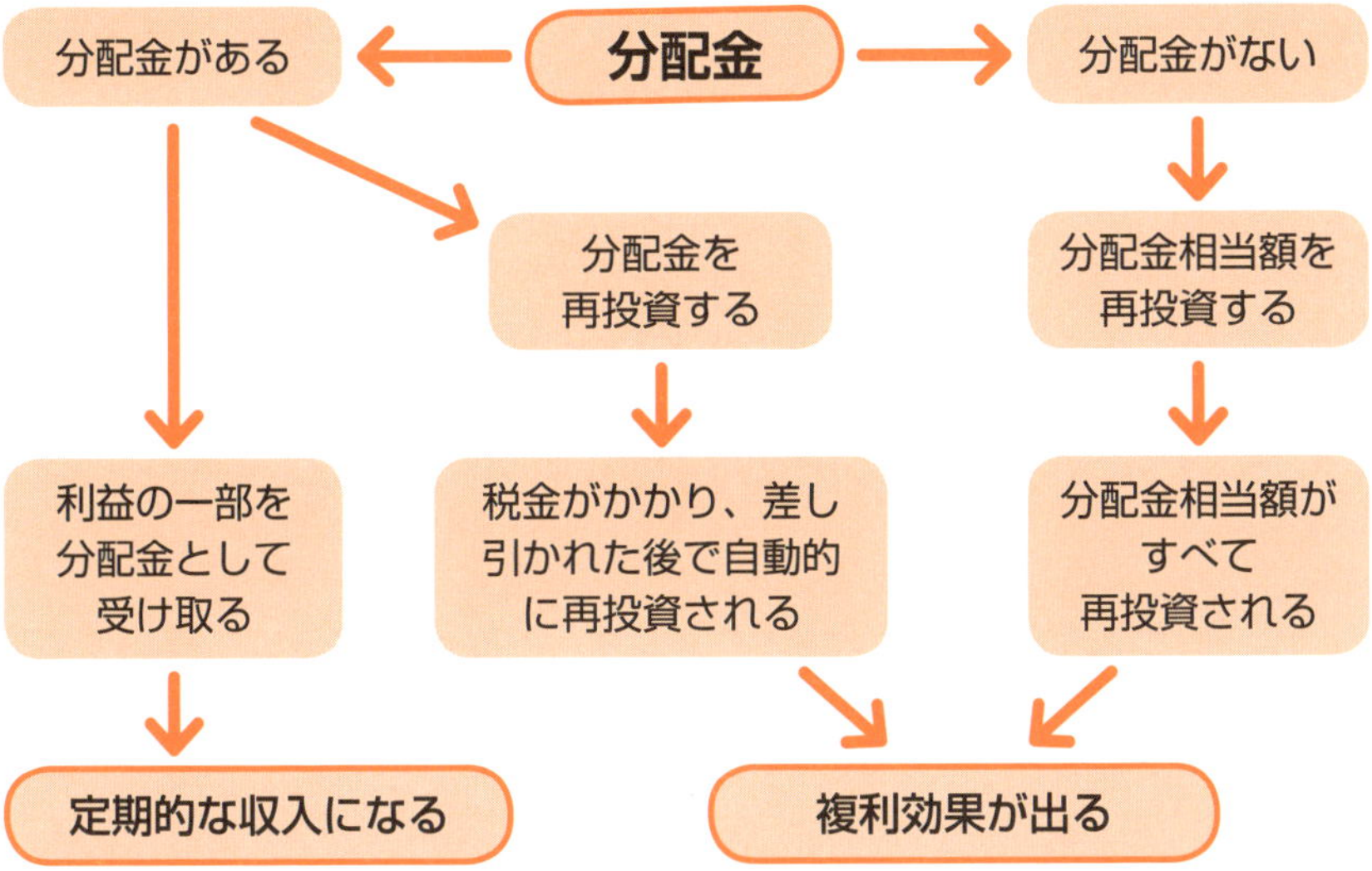

[再投資による複利効果]

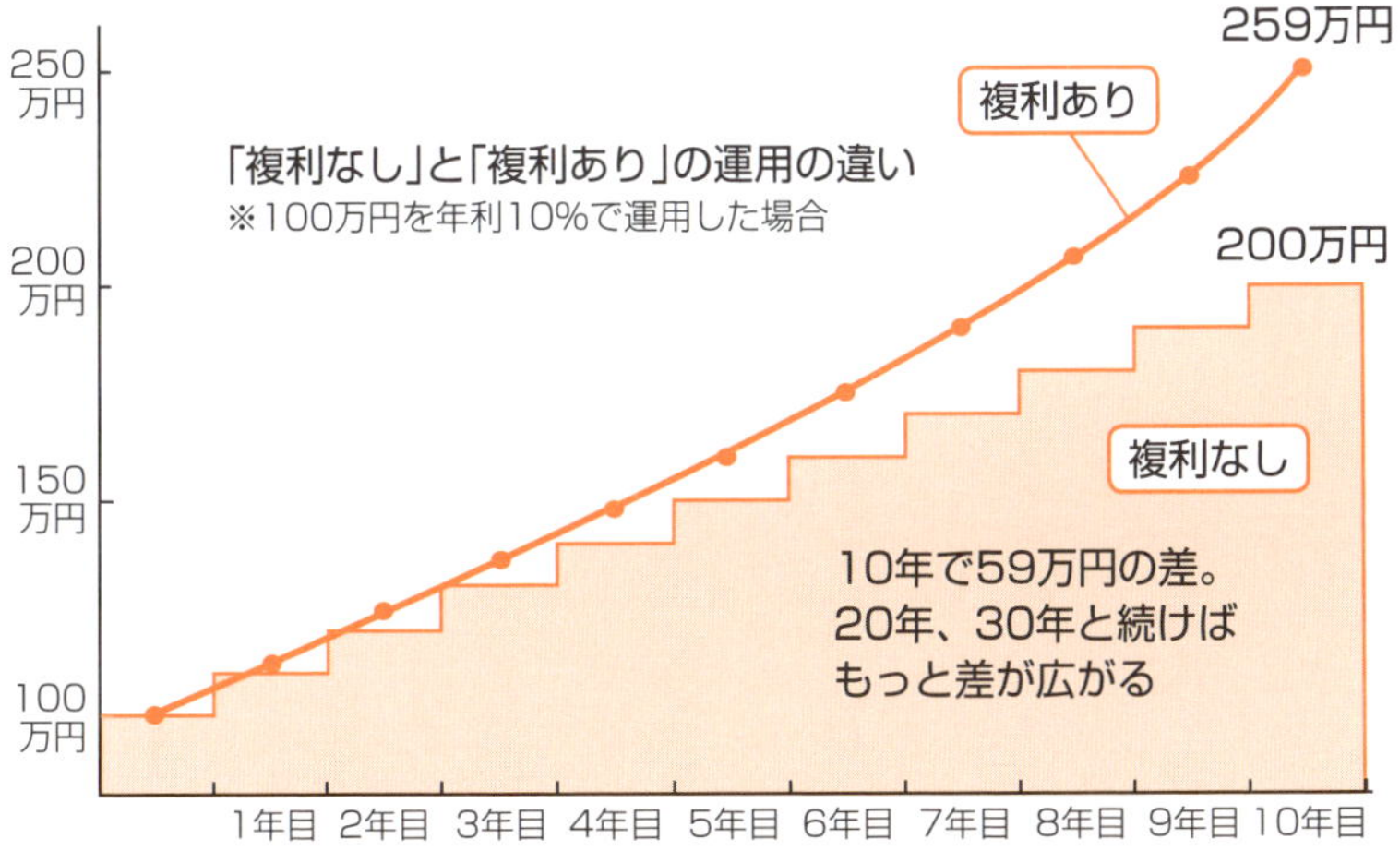

	開始時	1年目	2年目	3年目	4年目	5年目	6年目	7年目	8年目	9年目	10年目
分配金	100	110	120	130	140	150	160	170	180	190	200
複利	100	110.0	121.0	133.1	146.1	161.0	177.1	194.8	214.3	235.7	259.3

(単位は万円)

10

販売担当者とのつきあい方

話を鵜呑みにせず情報収集は怠らない

▼販売担当者のアドバイスは貴重

ネット取引での売買と違って、投資信託を販売会社の窓口で購入するときのメリットは、担当者からのアドバイスを受けられることです。実際に購入した多くの投資家は、「販売担当者のアドバイスを受けて投資信託を買った」「金融商品は営業マンが推奨するものを買った」という声をよく耳にします。

ネット取引の場合は通常、販売担当者からアドバイスを受けられないため、対面取引によるアドバイスは貴重だといえます。しかし販売会社によっては、次のようなケースもあるため注意が必要です。では販売会社の立場で考えてみましょう。

▼投資はすべて自己責任

販売会社は投資信託を買ってもらえれば、販売（購入）手数料を稼ぐことができます。極端な話をすれば、投資家が損失を出したとしても、販売会社の業績に直接的な影響はありません。会社の利益を追いかけるあまり、頻繁に売買させて販売手数料を稼ごうとする会社も中には存在します。

例えば、ほかの投資信託の話を振っても特定の商品を執拗にすすめてきたり、すぐに購入を迫ってきたりするケースは要注意です。そのような場合は販売担当者のアドバイスを鵜呑みにすることなく、自ら情報を集めて判断することも求められます。

用語解説

ロボアドバイザー

パソコンやスマートフォン上で、コンピュータープログラムによって最適な投資信託を診断し、資産運用のアドバイスを受けることができるシステム。

販売担当者のアドバイスを鵜呑みにしない

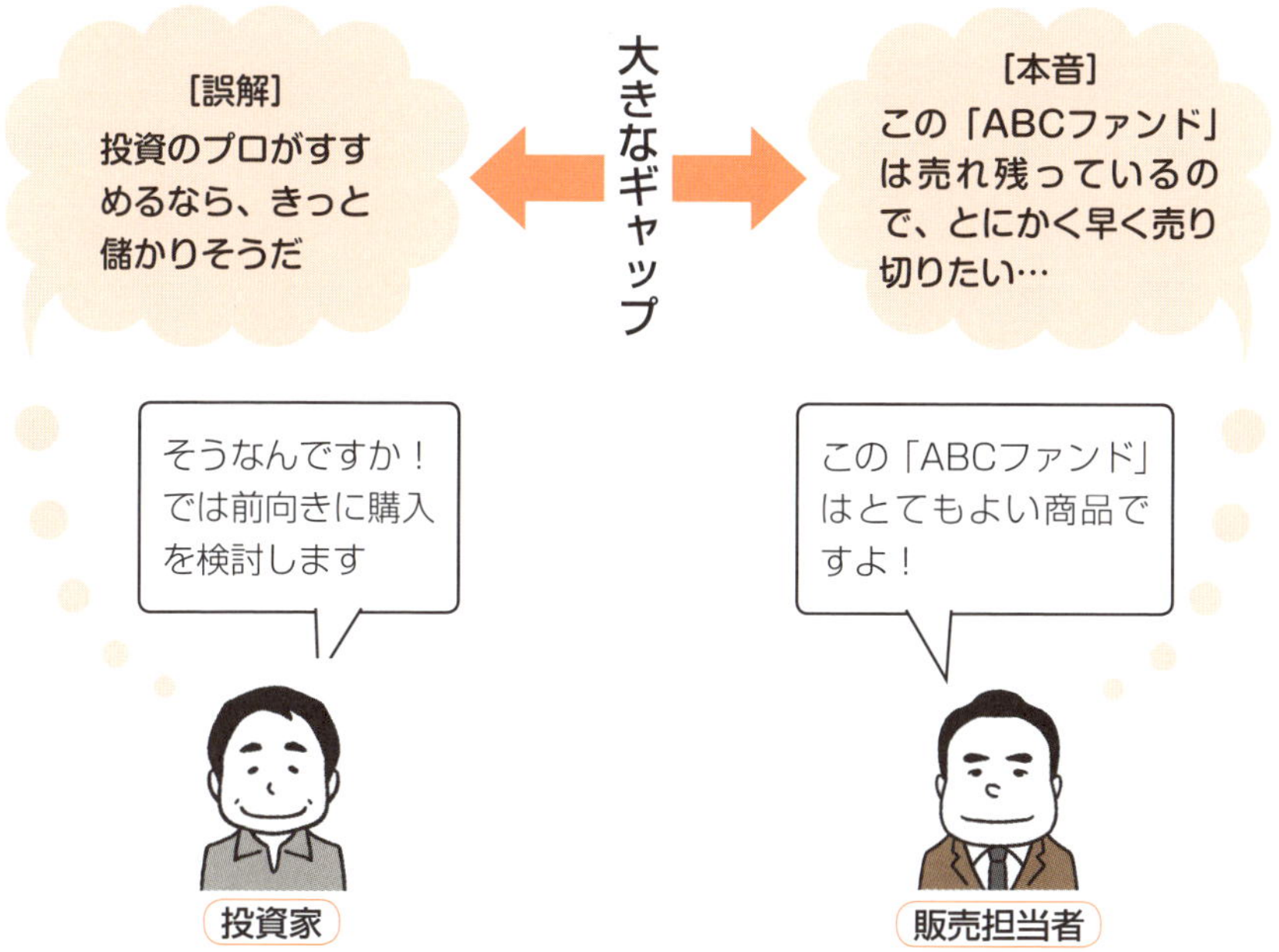

[販売担当者にチェックポイントをぶつける]

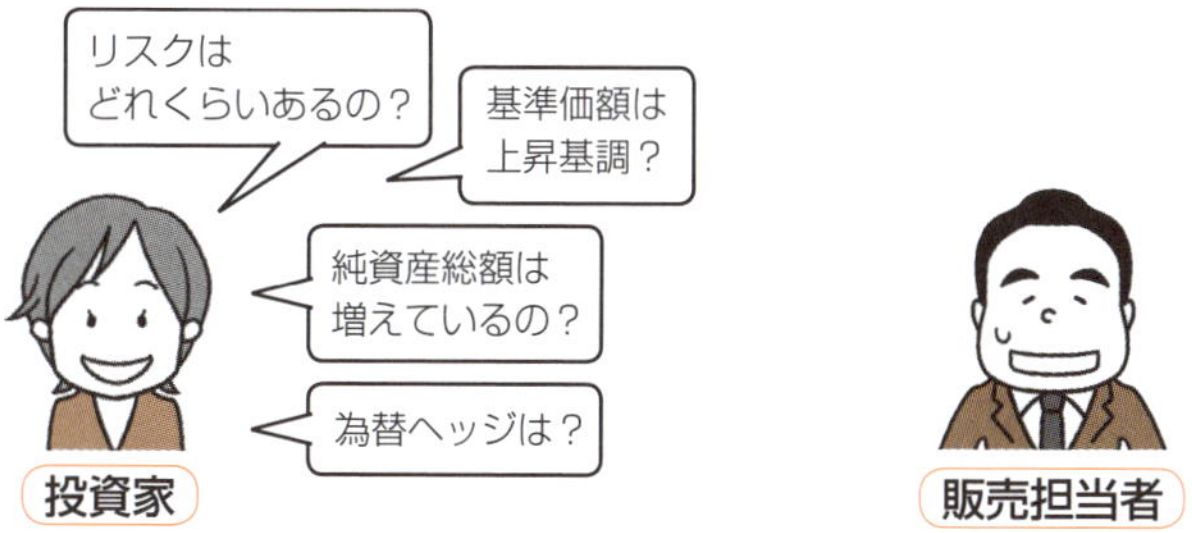

重要なポイントだけ販売担当者に質問してみてもよいでしょう。なお、近年ではネット取引でもアドバイスが受けられるロボアドバイザー（AIを駆使したロボット）も普及しつつあります（用語解説を参照）。

11

投資信託の名称

ファンド名からその中身を知ろう

▼名称から投資信託の性質がわかる

投資信託の中身はその名称からある程度推測することが可能です（投資信託の種類については4章で詳しく説明します）。投資信託の名称を見ていくと、どれも長い名前がつけられていることに気がつきます。その理由は、その**商品名に「運用会社」「運用対象」「対象の地域」「運用スタイル」といった情報が込められている**からです。

例えば「グローバル」「グロース」「インデックス」といった語句があれば、「グローバル」は「外国の金融商品で運用」、「グロース」は「成長性のある投資対象」、「インデックス」は「インデックス型」といった意味があり、それぞれが投資信託の性質を表しています。

▼購入する際は目論見書で確認する

実際の例でも見てみましょう。「三井住友・アジア・オセアニア好配当株式オープン〈愛称：椰子の実〉」という投資信託の名称を分析すると次のようになります。

・「三井住友」…ファンドの運用会社
・「アジア・オセアニア」…運用の対象地域
・「好配当株式」…運用資産の種類（株式）
・「オープン」…オープン型の投資信託
・「椰子の実」…ファンドの愛称

このように、名称から投資信託の内容がわかりますが、**購入する際は目論見書のチェックを怠らないようにしましょう。**

用語解説

ファンド愛称

投資信託につけられたニックネームのこと。正式名称が長いので覚えてもらいやすくしたい、ほかの投資信託と区別したい、親しみやすさを出したいといった目的でつけられる。

名称から投資信託の性質をチェックする

[実際の例]

楽天・全米株式　インデックス・ファンド

- 楽天 → 運用会社である「楽天投信投資顧問」
- 全米株式 → アメリカの株式市場で運用する
- インデックス → インデックス型

長ったらしい名称にもちゃんと意味があったんだ！

[主な語句の意味]

語句	意味
三井住友／野村／楽天／SBI／三菱UFJ国際／日興 など	運用会社の名称
オープン	いつでも購入・換金できる追加型
ジャパン	日本国内で運用する
全米／US	アメリカで運用する
グローバル／ワールド	外国の市場で運用する
インデックス	株価指数に連動するインデックス型
アクティブ	指数以上の運用成績を目指すアクティブ型
グロース	成長性のある資産で運用する
バリュー	割安感のある資産で運用する
ノーロード	購入手数料がかからない
ブル	指数や相場の動きに準じて高収益を狙う
ベア	指数や相場と逆の動きに合わせて高収益を狙う
インカム	利子や配当など高利回りの商品で運用する

数多くある投資信託の中からお目当ての商品を探したいときは、その名称から投資信託の中身を想像して検索してもよいでしょう。

12 評価サイトの活用
第三者の視点で公平に評価する

▼評価サイトで効率よくチェックする

本書でもすでに解説した通り、投資信託の数は膨大なため、一つひとつ確認していくことは困難です。

証券会社などのウェブサイトでもいくつかの投資信託は比較できますが、自社が取り扱っている投資信託だけで比較しているため、評価という意味では公平性に欠け、紹介している商品数にも限りがあります。

そのため、投資信託を比較検討する際には、以下のような**評価サイトなどを活用して効率よくチェックする**のがおすすめです。

・「**モーニングスター**」…世界最大級の投資信託評価機関
・「**投信資料館**」…投資信託の総合情報サイト
・「**eFundEV**」…運用担当会社のインタビューなどが充実

▼モーニングスターは検索機能が充実

特にモーニングスターは、多くのアナリストによって、投資信託はもちろん、金融や経済の情報も提供されています。第三者機関として信頼度が高く、投資家のみならず投資信託の販売会社でも広く活用されています。

ウェブサイトは検索機能が充実しているほか、**投資信託の運用成績が星の数でランク付けされていたり、優れた運用成績を収めた投資信託には「ファンド・オブ・ザ・イヤー」という賞が贈られていたりします。**

用語解説

ファンド検索
証券会社などのウェブサイトでは、投資家自身が「国内」「国外」「株式型」「債券型」などといった切り口から検索できる。「愛称」からも検索できるウェブサイトも多い。

評価サイトを活用する

[モーニングスター]
(https://www.morningstar.co.jp/)

モーニングスターは条件検索などのしぼり込み機能が充実。純資産総額やリターン、資金の流出入などもチェックしてみましょう。

モーニングスターでは 国内の約5200の投資信託を対象に、「ファンド・オブ・ザ・イヤー」を発表・表彰しています。

[投信資料館]
(https://www.toushin.com/)

投資信託やETFなどについて、500超のQ&Aを掲載している。

[eFundEV]
(http://www.efundev.com/)

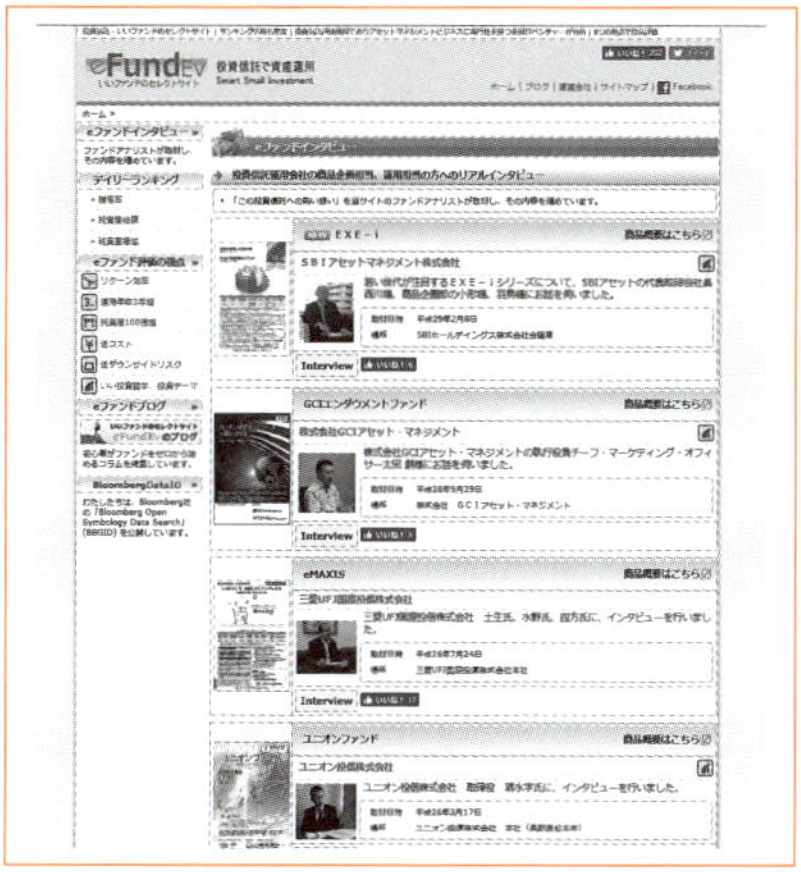

投資信託に関するセミナーも開催している。

Chapter 04

投資信託の種類いろいろ

本章のポイント

知識ゼロのアナタでも

・商品それぞれの特長
・リスクとリターンの関係
・最も手間がかからない商品

がわかる！

じゃあしっかり目論見書を読み込んで自分にぴったりの投資信託を選んでくださいね
サラバ!!
はーい
えっとこれが株式型でこっちが債券型コモディティ型っていうのがこれね
わかるわかる
うんうん
株式型
債券型
あれ? 株式型にも債券型にも国内と外国っていうのがある…
アクティブ型?
インデックス型?
なんだろこれ
通貨選択型…
デリバティブ型…
J-REIT…
バランス型…
どした?
たましい…
わけわかんない…
ひぃっ
ちょっとあんた!
わー
こないだは株と債券と外貨とカバディって言ったでしょ!
いや あくまで初心者向けに「主な投資信託」と言ったんですけど……
何がバランス型よっ
あの娘が心のバランス崩しちゃったじゃないの!
あんたのせいよ!
わ 私のせい?
カバディじゃなくてコモディティです…
もうダメ…お金なんてなくてもいーよ
理不尽すぎるっ
じゃあそれぞれの特徴を解説していきますよ

01

さまざまな投資信託のタイプ

運用期間・リターン・リスクを考えよう

▼リターンとリスクは背中合わせ

この第4章では投資信託のタイプ別に、特徴や注意点を解説していきます。本書でもすでに述べてきましたが、投資信託を選ぶ際は、**「運用期間」「リターン（目標額）」「リスク」を考えましょう。**

一般にリターンとリスクの関係は相関関係にあります。例えばリターンが低めながら、リスクも低めの投資信託であれば、あせらずに長期保有でコツコツと利益を増やしていくように運用しましょう。なお、値上がり益を考慮しない場合、投資資金を2倍にするには、金利3％の商品なら24年かかり、金利7.2％の商品でも10年かかります。

▼高リスク商品は早めの利益確定を狙う

一方、高いリターンが期待できる投資信託の場合、高いリスクも抱えています。**運用成果が出ているのなら早めの売却を検討し、利益を確定させる**戦略を用いてもよいでしょう。

なお、2018年8月現在の投資信託の運用成績で、利回りが10％を超える商品には「外国株式型」の投資信託が並んでいます。一方で運用成績が振るわず、元本割れしている外国株式型もまた少なくありません。

過去の運用成績が今後の成績に直結するわけではありませんが、どのような商品で運用され、利益がしっかり出ている投資信託なのかを目論見書などで確認してください。

用語解説

新興国

経済水準はまだ低いが、高い成長性を秘めた国々のことをいう。エマージング・カントリーとも呼ばれる。具体的には、中南米や東南アジア、中東、東欧などの国々を指す。

投資信託の種類とリスク

[主な投資信託]

投資対象	国内	海外
債券	**国内債券型**(⇒134ページ) 日本の国債や地方債、社債で運用、リスクは低い	**外国債券型**(⇒134ページ) 外国の国債や地方債、社債で運用、リスクは国内債券型よりやや高い
株式	**国内株式型**(⇒130ページ) 日本の株式で運用、リスクは高い	**外国株式型**(⇒132ページ) 外国の株式で運用、リスクは国内株式型より高い(特に新興国での運用は高い)
通貨	**通貨選択型**(⇒140ページ) 購入する通貨を選んで運用、外貨での運用はリスクが高い	
コモディティ	**コモディティ型**(⇒138ページ) 貴金属や穀物などで運用、リスクは高い	
不動産	**不動産投資型**(⇒150ページ) 不動産で運用、リスクは低い	

バランス型(⇒142 ページ)
株式や債券などさまざまな商品に分散して運用、リスクは低い

[その他の気になる投資信託]

公社債型(⇒136ページ)
公社債のみで運用、リスクはかなり低い

ブル型・ベア型(⇒146ページ)
指数を上回るリターンを狙って運用、リスクは高い

ファンド・オブ・ファンズ(⇒144ページ)
投資信託に投資して運用、リスクは低い

ハイ・イールド債券型(⇒152ページ)
信用の低い債券で運用、リスクは高い

上場投資信託(⇒148ページ)
株価指数に連動、リスクはやや低い

ファンドラップ(⇒154ページ)
運用を一任。リスクは投資家の希望に合わせて設定

02

運用方法による分類

インデックス型とアクティブ型

▼ハイリターンを狙うアクティブ型

投資信託にもさまざまなタイプがあります。株式や債券といった投資先による分類については130ページ以降で詳しく解説しますが、運用方法でも分類できます。

運用方法は「インデックス型」と「アクティブ型」の2種類で分けられます。インデックス型は日経平均株価や東証株価指数（TOPIX）といった指数に連動するように設定された投資信託です。一方、アクティブ型はファンドマネジャーが投資先の銘柄を独自に選んで組み合わせ、市場平均よりも大きなリターンを狙って設定された投資信託です。

ただし、アクティブ型だからといって市場平均を必ず上回るというわけではなく、商品によっては平均を下回るケースも出てきます。アクティブ型は、高リターンが期待できる投資信託とはいえ、リスクも高めの部類に入る商品だといえます。

▼投資先銘柄や信託報酬をチェック

アクティブ型のリターンは、運用のプロであるファンドマネジャーの腕にかかっています。投資先の銘柄などは、運用中も定期的に見直しが行なわれます。なお運用コストもかさむため、信託報酬は高めに設定されています。投資初心者は比較的安定したリターンが期待でき、信託報酬も低めであるインデックス型から始めるのもおすすめです。

用語解説

インデックス型

日経平均株価や東証株価指数（TOPIX）といった特定の指数と同じ値動きをするように設計された投資信託のことをいう。パッシブ型とも呼ばれる。

インデックス型とアクティブ型の違い

[インデックス型]

インデックス型は指数に連動するように設定されている。

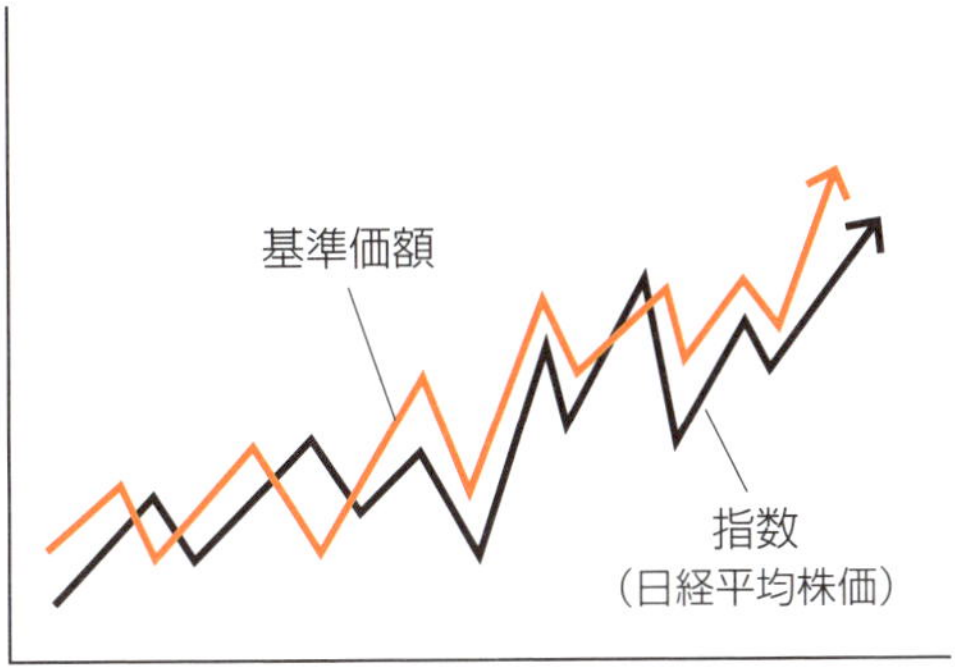

メリット

- 自動的に分散投資ができる
- コスト（信託報酬）が安い

デメリット

- 市場全体への投資のため、非効率的な投資先も含まれる
- 市場の動きと連動するため、市場が下落すると投資信託の基準価額も下落する

[アクティブ型]

アクティブ型は市場平均を上回るリターンを狙って設定されている。

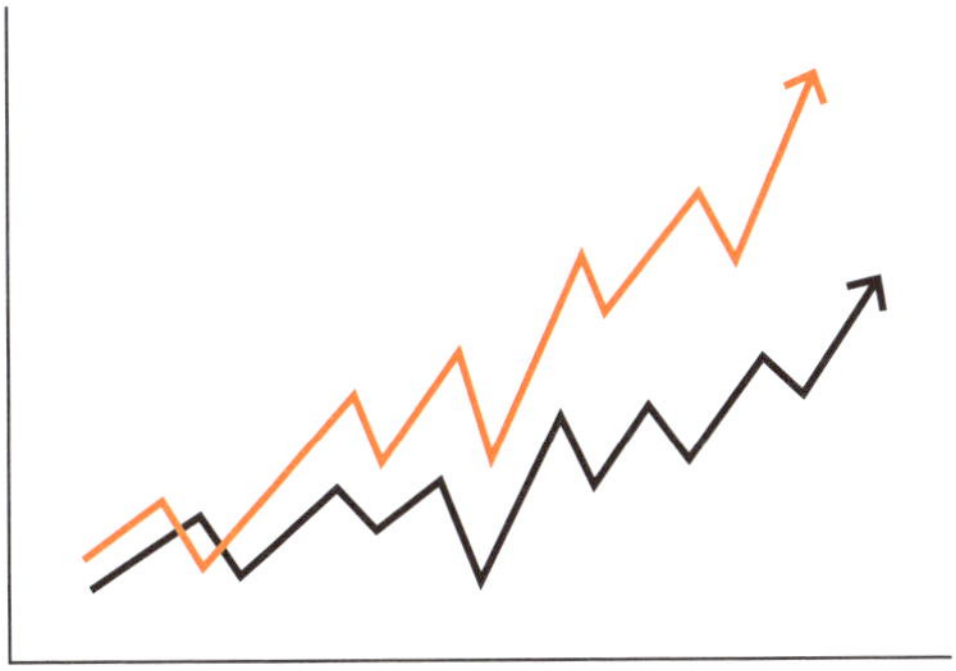

メリット

- 特定の商品に投資する
- インデックス型を上回るリターンが期待できる

デメリット

- コスト（信託報酬）が高い
- 投資信託によってはインデックス型のリターンを下回る場合もある

インデックス型とアクティブ型には、それぞれにメリットとデメリットがあります。高めのリターンを狙いたいのであれば、多少のリスクをとってもアクティブ型の投資信託を選びましょう。

03

指数について知ろう

指数は市場全体の動きを示すモノサシ

▼市場全体の動きに連動している

インデックス型の投資信託に連動する「指数」について理解しておきましょう。**指数とはある特定の市場の全体の動きを示すように設定された「モノサシ」**です。日経平均株価や東証株価指数は株式の代表的な指数ですが、ほかにも外国株式（先進国・新興国）や債券、外貨、コモディティなどの指数もあります。

商品選択に迷う場合は、**投資対象としたい指数をまず選び、そのうえで信託報酬の安い商品を選ぶ**とよいでしょう。

▼指数に合わせて基準価額も上昇

インデックスファンドは、対象の指数に連動する方針で運用されています。運用先の銘柄は、対象の指数の構成比に合わせて組み入れられるため、**指数が上がればほぼ同じ比率で基準価額が上がり、指数が下がれば基準価額も下がります。**では、インデックス型の値動きを実際の例を考えてみましょう。

「インデックスファンド225」という日経平均株価を対象にした投資信託の場合、株価が低迷していた2009年1月6日時点の基準価額は2397円でした。その後、多少の値下がりはあったものの、日経平均株価の上昇に合わせるように基準価額は上がり、2018年8月20日時点では6062円まで値上がりしています。つまり、基準価額は約10年で2・5倍になっています。

用語解説

時価総額加重平均型指数

株価指数の算出方法の一つ。組み入れた銘柄の株価の平均を銘柄数で割って算出する。世界の株価指数の多くはこの方式を採用している。

インデックス型投資信託に使われる株価指数

指数名	対象国	投資対象
東証株価指数（TOPIX）	日本	東証１部に上場されている全銘柄を対象にした株価指数
日経平均株価	日本	東証1部上場企業のうち、225銘柄を対象とした時価総額加重平均型指数
MSCIジャパンインデックス	日本	中〜大型株を中心に、日本の株式時価総額の約85%をカバーする指数
S&P日本新興株100指数	日本	JASDAQやマザーズなどの新興市場に上場銘柄のうち、流動性等を考慮して選択された100銘柄の株価指数
FTSE日本グリーンチップ35指数	日本	東証1部、東証2部、大証1部に上場している時価総額100億円以上の環境関連銘柄で構成される指数
FTSE グローバル・オールキャップ・インデックス	全世界	全世界の大型、中型、小型の株式市場の株価指数。世界の投資可能な市場時価総額の98%をカバーする
MSCI ACWI ex Japan インデックス	先進国	日本を除く世界の先進国および新興国の総合投資収益を各市場の時価総額比率で加重平均した指数
MSCI-エマージング･マーケッツ･インデックス	新興国	BRICs、韓国、台湾、南アフリカ、トルコ、東欧、中東といった新興国の株式を対象とする株価指数
S&P500	アメリカ	スタンダード&プアーズ社が算出するニューヨーク証券取引所、NASDAQ上場銘柄の中で代表的な500社の株価指数
ハンセン中国企業株指数（H株）	中国	香港証券取引所に上場している中国本土企業（H株）の中でも時価総額および流動性の高い優良株の株価指数
S&P CNX Nifty指数	インド	インドのナショナル証券取引所の優良銘柄50社で構成される株価指数

インデックス型に投資したいときは経済全体の動きに目を向けましょう。

04

運用のやり方の違いを知ろう

アクティブ型には2つの運用方法がある

▼経済状況から運用先を選択

アクティブ型の投資信託ではベンチマークを超えるリターンを狙います。そこで重要になるのが資産配分と銘柄（投資先）選別です。資産配分を考える際のプロセスには**「トップダウンアプローチ」と「ボトムアップアプローチ」**があります。

トップダウンアプローチは、国内外の経済状況（金利や為替など）の分析を行ない、そのうえで投資する国や地域、通貨や業種まで決めていきます。そして最後に具体的な投資対象、株式型投資信託なら銘柄まで決めていくやり方です。**グローバル分散投資のファンドに多い手法**です。

▼運用先を個別にチェック

一方、ボトムアップアプローチはアナリストやファンドマネジャーが、まず各銘柄（企業）を個別に調査し、投資先の選定を進めます。アナリストは企業の決算説明会に出席したり、企業のトップにインタビューを行なったりして、個別の投資先候補を丹念に調査していきます。個別の投資先から将来有望な銘柄を一つひとつピックアップし、組み入れていきます。

ボトムアップアプローチは、アメリカ株ファンド、日本株ファンドというような、**特定の国の株式市場に投資するタイプの投資信託に多い手法**です。

用語解説

ベンチマーク

運用の指標としている基準のこと。投資信託が投資対象とする商品や市場の各種指数が用いられる。日本株式に投資する投資信託の場合、東証株価指数や日経平均株価などがあたる。

「トップダウンアプローチ」と「ボトムアップアプローチ」

トップダウンアプローチ

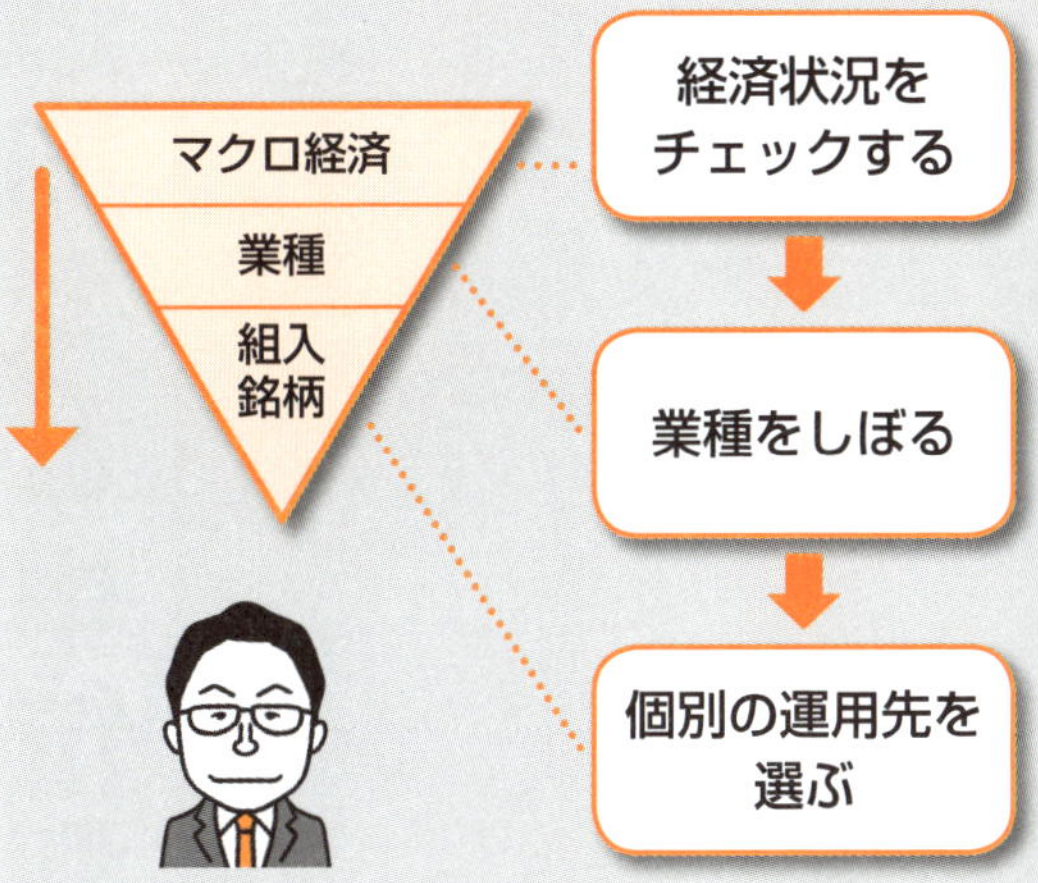

メリット

- より幅広い銘柄の中から運用先が選択できる
- 一人ひとりのアナリストたちの腕に左右されることが少ない

デメリット

- 経済状況が急変したとき、銘柄の組み替えなどの対処が遅れがちになる恐れがある

ボトムアップアプローチ

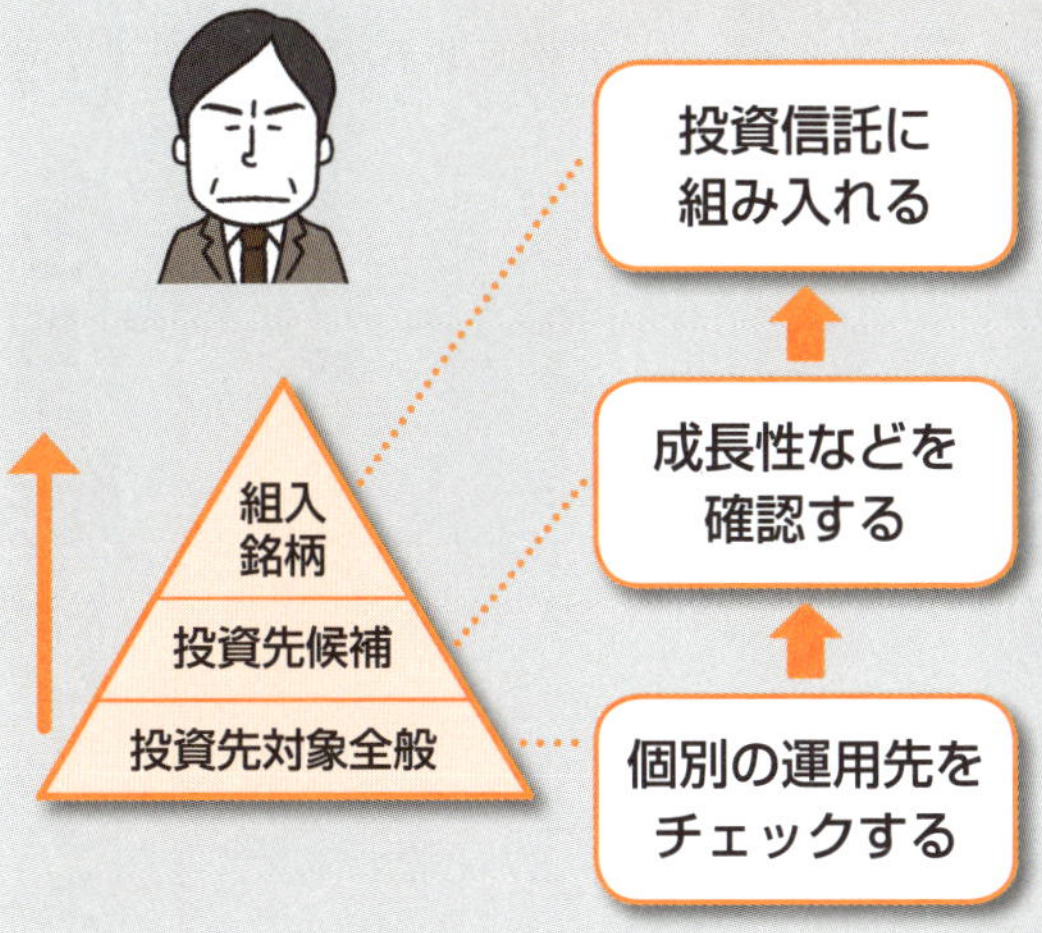

メリット

- 経済状況に左右されることなく、個別運用先（企業など）の成長に期待できる
- ファンダメンタルズ（経済の基礎的条件）も加味される

デメリット

- 個別調査ではその数が限定的になりかねない恐れがある

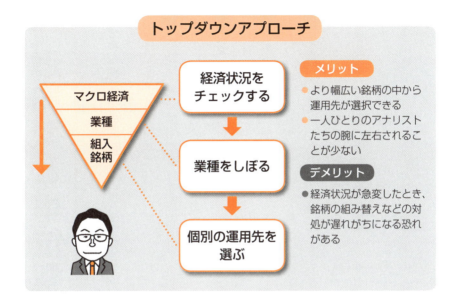

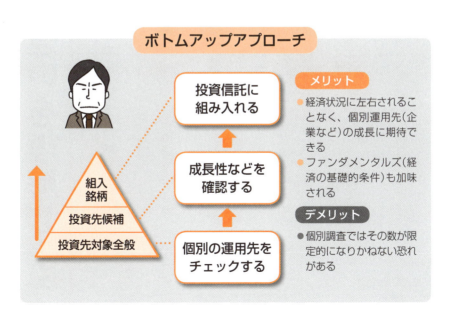

05

募集期間の有無

追加型と単位型の違いを理解しよう

▼単位型は運用開始後の購入が不可

投資信託には**設定された募集期間にしか購入できない「単位型投資信託」**という商品があります。単位型は運用前の一定の募集期間に固定価格で販売されますが、その後は一切募集が行なわれません。**運用期間は投資対象の性格に合わせて設定される**ことが多く、後述の「追加型」と比べて積極的な運用をあまり行なっていません（投信により異なる）。単位型はもともと償還に合わせた運用をすることから、金融商品の組み入れにも時間を要することがあります。なお単位型には、同シリーズの商品を毎月募集する「定時定型」と単発で売り出される「スポット型」があります。

▼追加型はいつでも購入・解約が可能

単位型に対して、**あらかじめ運用期間（信託期間）を設定していない投資信託のことを「追加型投資信託」**といいます。追加型は「オープン型」とも呼ばれますが、いつでも自由に購入と解約ができることが特徴です。最近では、この追加型の投資信託が増えています。

先に解説した単位型は、金融商品等を組み入れるまでに時間がかかるため、短期では値上がり益が出にくいというデメリットがあります。その点、追加型の場合は、新規のファンド設定でなければ、フルに運用されている状態であるため、**運用先の動向次第では、短期間であってもリターンが期待できます。**

用語解説

定時定型投資信託

単位型投資信託のうち、同じ運用方針の投資信託を毎月募集するもの。投資家は毎月購入することができる。ファミリーファンドとも呼ばれる。

単位型と追加型の違い

[単位型]

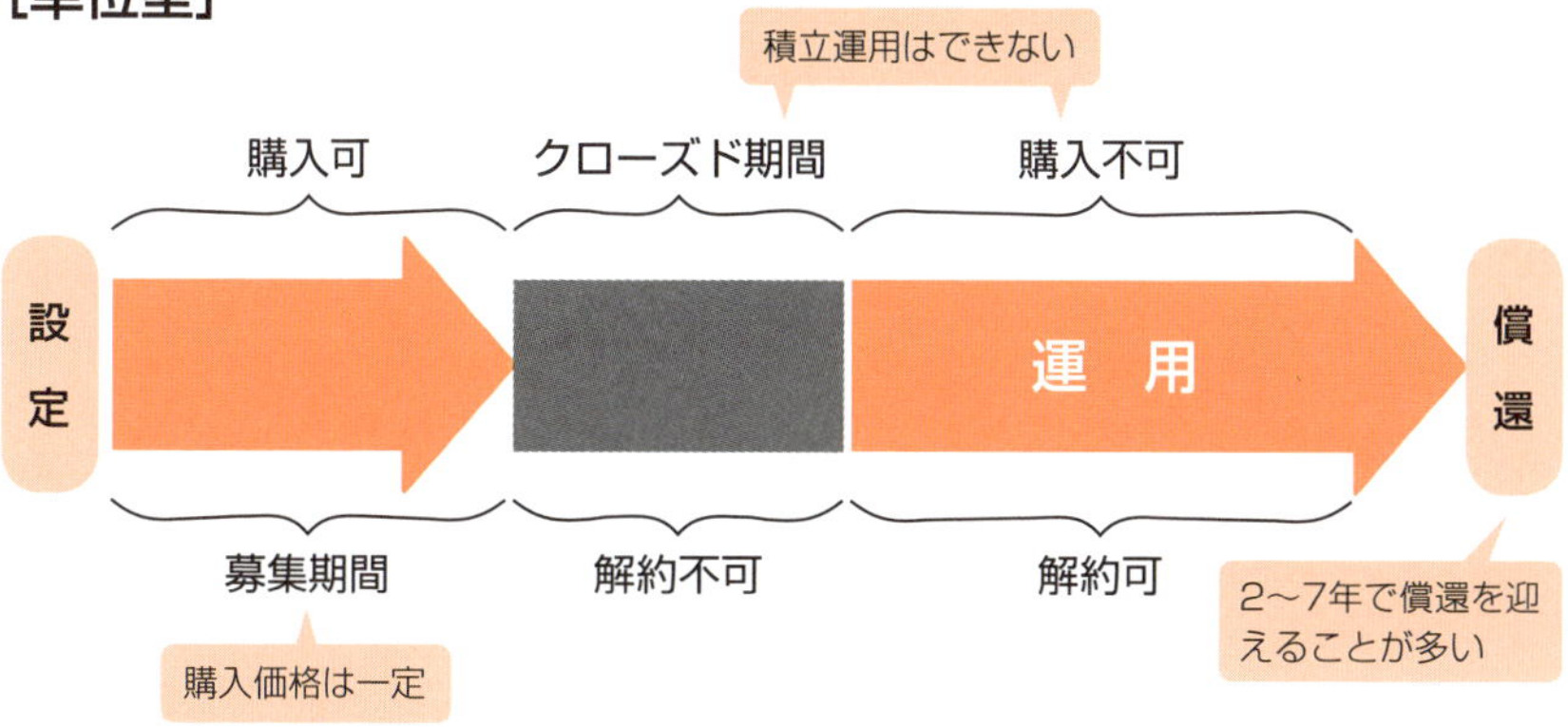

メリット　購入期間、購入価格、償還日が決まっているので、運用の計画が立てやすい

[追加型]

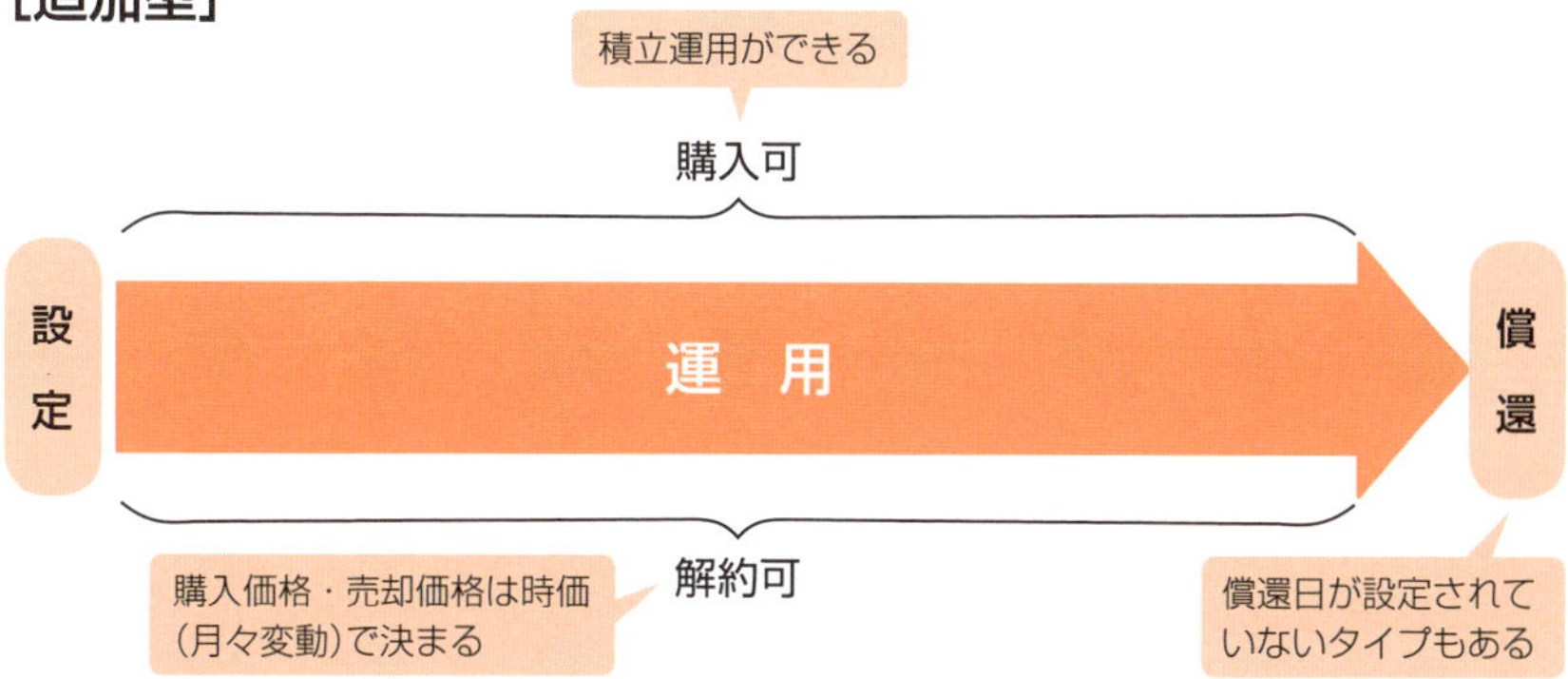

メリット　市場の状況、投資家の資金の状況などに応じて自由な運用ができる

単位型には「スポット型」と呼ばれるものもあります。経済状況や市場環境をタイムリーにとらえ随時募集されるタイプの投資信託で、当初設定される期間（当初募集期間）にのみ購入可能です。原則的に運用開始後も購入できる追加型投資信託とは区別されます。

06

投資信託の種類①

日本の株式で運用する「国内株式型」

▼国内企業の株式を組み入れた投信

投資信託にはさまざまな種類の商品があります。では、ここからは個別の商品について説明していきましょう。

株式型の投資信託は、国内の株式で運用するか、外国の株式で運用するかによって分けられます。まず、国内株式型について説明します。**国内株式型とは、主に日本国内の企業の株式を組み入れている投資信託**です。

国内株式型も122ページで解説したインデックス型とアクティブ型があります。国内株式で運用するインデックス型は、日経平均株価や東証株価指数に連動するように組み込む銘柄を選んで設定されています。

▼投資信託の運用先はさまざま

国内株式で運用するアクティブ型もいくつかに分類されます。運用方針が決まると、それにしたがって投資先の銘柄が決められます。

例えば大型株、中小型株、小型株といった**規模（時価総額）によって投資先の銘柄を選択する**場合、「小型株ファンドは成長が期待できる」「大型株ファンドは安定したリターンが期待できる」などと見込んで設定されます。

ほかにも割安株に投資する「バリュー型」、成長性に注目した「グロース型」、AI関連銘柄や環境銘柄といった**特定の分野に投資する「テーマ型」**などがあります。投資信託の運用先をよく確認して選びましょう。

用語解説

テーマ型ファンド

特定の株価指標や分野に沿って投資・運用される投資信託。嗜好や主義主張に合ったファンドとつきあえるメリットがあるが、テーマによって投資対象が狭められるデメリットもある。

国内株式型投資信託の種類

比較的値動きが安定しているね

- **国内株式型投資信託**
  - **インデックス型**
    株式市場が活況になれば、投資信託の価格は上昇する
    - 日経平均株価指数連動型
    - 東証株価指数連動型
    - 日経225連動型
    - 業種別インデックス連動型
  - **アクティブ型**
    - バリュー型
      業績などを他社と比較し、株価が比較的安い水準にある株式で運用する
    - テーマ型
      「環境」「ロボット」「IoT」などの話題のテーマに関連する銘柄に投資する
    - グロース型
      高成長を遂げ、今後も高い収益が続くと期待される企業に投資する
    - 高配当型
      企業から株主に還元される配当金の利回りが高いところへ集中的に投資する
    - ブル・ベア型
      ブル(強気)型は上昇相場、ベア(弱気)型は下落相場で利益が出るように設計されている
    - 大型株
      時価総額(株価×発行済み株式数)と流動性が高い(取引量が多い)株で運用する
    - 中小型株
      時価総額が大型株に続き流動性が高い中型株や、それ以外の小型株で運用する
    - 低位型
      株価そのものが低い銘柄で運用する。一般的には500円から300円以下の銘柄を指す

大きなリターンが期待できるかも

投資信託には国内だけでも6000ほどあります。国内株式型もさらにインデックス型とアクティブ型に分類され、さらに運用先でも細かく種類が分けられます。

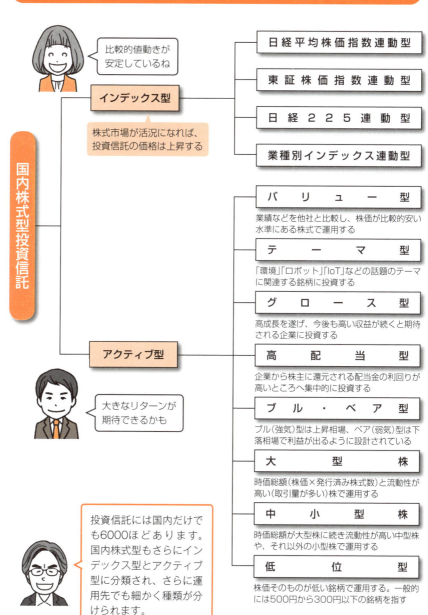

07

投資信託の種類②

世界の市場に間接投資「外国株式型」

ハードルが高い外国株にも投資できる

次に外国の株式で運用する投資信託について説明します。「海外の株式投資に興味はあるけれど、自分で投資するのはハードルが高いかも…」という人でも、プロが運用する投資信託であれば気軽に始められます。また、インド株のように日本からは直接売買できない株式に投資できる点も魅力です。

外国株式型は、アメリカや中国、インドといった一国に投資するタイプの投資信託や、新興国やBRICsといったカテゴリーに投資するタイプのものもあります。ほかにも、国内株式型と同様、アメリカのIT関連やバイオ関連といったテーマ型もあります。

為替リスクや信託報酬に注意

外国株式型を購入するときには「為替リスク」に注意が必要です。これは、為替相場の変動の影響による損失を被る危険性のことです。例えば円安のときに購入し、売却時に円高になっていた場合は、為替差損が生じるということです。当然、円高時に購入し、円安時に換金することができれば、為替差益が運用益にプラスされます。購入する際は為替も考慮しておきましょう。

また、外国株式型はその多くがアクティブ型ファンドです。そのため、信託報酬がほかのタイプの投資信託よりも割高になる場合が多いことにも注意しましょう。

用語解説

BRICs

2000年代以降、経済発展が著しいブラジル（Brazil）、ロシア（Russia）、インド（India）、中国（China）の4カ国の頭文字を取った造語。南アフリカ（South Africa）を加えてBRICSとも呼ばれる。

外貨建ては為替の変動で利益も変わる

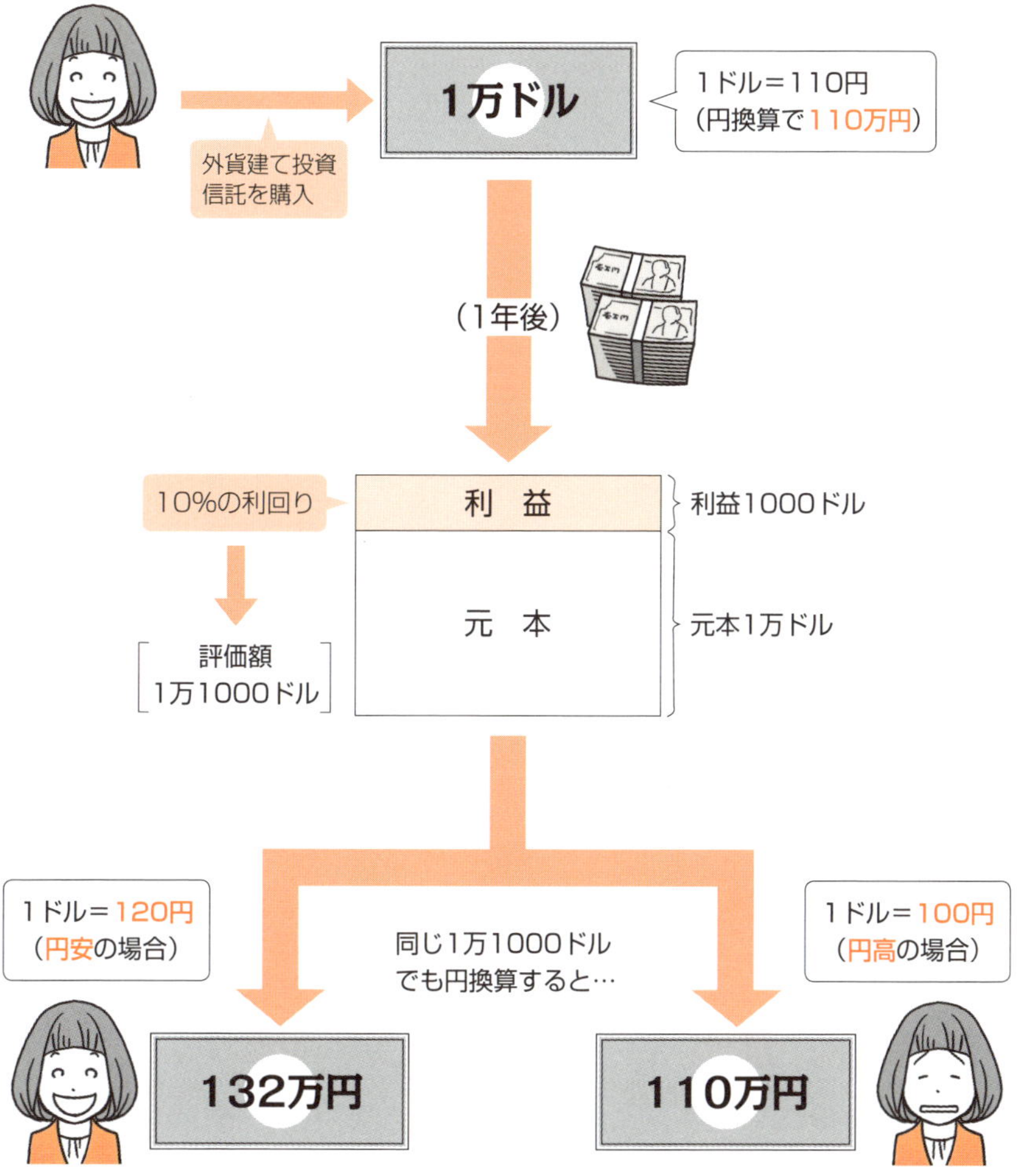

外国の株式市場に直接投資できるケースは多くありません。しかし、投資信託なら外国株式でも容易に投資できます。外国株式型の投資信託はインデックス型が多く、直接投資に比べれば安全度は高いといえるでしょう。

08 投資信託の種類③ 低リスクだから安心「債券型」

▼低収益だがリスクも低い

「債券型」の投資信託は、「株式型」と同様、国内債券型と外国債券型に大きく分けられます。なお債券だけでなく、一部を株式で運用する債券型もあります。

国内債券型は、日本国内の国債や地方債、社債で運用します。国内金利に近い利回りとなるため、**収益性はそれほど期待できませんが、低リスクの商品である点が魅力。**収益性が低いとはいえ、銀行預金の利息よりは高いリターンが期待できます。過去、金融市場を大きく揺るがすようなパニックが起きたときでも、ほかのタイプの投資信託と比べ、安定した運用成績をあげている実績があります。

▼外国債券型は為替の影響を受ける

一方、外国の債券で運用する外国債券型は、運用する国によってさまざまな種類があります。例えばインドやブラジルといった単一の国の債券に投資するファンドもあれば、北米や先進国、新興国といった一定地域に投資するファンドもあります。また、もっと幅広く世界各国の債券に投資するファンドもあります。

外国債券型は、**国内債券型よりも大きなリターンを狙って運用される**のが一般的です。「外国株式型」と同様、**為替の影響を受ける**ため、償還金を日本円で受け取るとき、購入時より円高になれば手取り額が減り、反対に円安になれば増える点にも留意しましょう。

用語解説

債券

国や地方自治体、企業などが、事業に使う資金を調達するために発行する有価証券。購入者は、利子を受け取ることができ、期日まで保有すれば額面金額の償還が保証される。

債券型は低収益だがリスクも低い

[債券型のメリット]

- 銀行預金の利息よりは高いリターンが期待できる
- 為替変動を無視すれば比較的安定した運用になる
- 外国債券型は高金利で高リターンを狙える
- 外国債券型は為替差益を得られる可能性がある

ポイント 安定的な運用が期待できる債券型は、償還まで保有するのが基本。ただし、為替変動で大きな値動きがあれば途中解約を検討してもよい

[債券型のデメリット]

- 株式型などに比べて大きなリターンは期待しにくい
- 外国債券型は為替の影響を受けて大きく、為替差損を被るリスクもある
- 金利や為替相場の変動によって基準価額が下落する恐れがある。

[債券型の3つのリスク]

①金利変動リスク

➡通常、市場の金利が上昇すると債券の価格は下落する。その場合、債券型ファンドの基準価額も影響を受けて下落するリスクがある。

②信用リスク

➡企業の倒産などで発行された債券が債務不履行(デフォルト)に陥ると、元本が返済されず損失を被ることになる。債券型ファンドが組み入れている債券が債務不履行になると、基準価額は影響を受けて下落するリスクがある。

③早期償還リスク

➡償還日より前に元本を返済される「早期償還」によって、元々得られると予測していた収益が得られなくなってしまうリスクがある。

09

投資信託の種類④

株式に一切投資しない「公社債型」

▼原則、元本割れはなし！

株式で一切運用することなく**公社債のみで運用する投資信託を「公社債型投資信託」**といいます。公社債とは国や地方公共団体等の公的な組織や、会社が発行する債券のことです。原則、元本割れを引き起こさない運用をするため、利回りは銀行の定期預金よりも少し高い程度ですが、リスクはいたって低いといえます（債務の不履行や企業の破たんなどにより、元本割れが起こるケースもゼロではない）。なお公社債型で得られる利益（配当や分配金）は、利子所得として扱われます。

代表的な公社債投信は「中期国債ファンド」「MMF」「MRF」などです。

▼運用する商品をチェックする

「中期国債ファンド（中国ファンド）」は、残存期間（満期までの長さ）が5年以内の中期国債で運用されます。国債がメインですが一部、短期社債などで運用されることもあります。金融商品としては次に紹介するMMFと似ているため、取扱量は減ってきています。

「MMF（マネー・マネージメント・ファンド）」は、やや長期の債券（社債やCP）で運用されます。購入から30日以内の解約はペナルティとして1万円につき10円の信託財産留保額がかかるため、注意が必要です。

「MRF（マネー・リザーブ・ファンド）」は超短期の債券で運用します。

用語解説

CP（コマーシャル・ペーパー）

Commercial Paperの略で、企業が短期資金の調達を目的に、マーケット（オープン市場）で発行する無担保の約束手形のこと。

主な公社債投信

種類	特長
中期国債ファンド	・残存期間が５年以内の中期国債で運用される ・30日未満の解約には信託財産留保額（１万口あたり10円ほど）が差し引かれる
MMF（マネー・マネージメント・ファンド）	・やや長期の債券で運用される ・社債やCP（コマーシャル・ペーパー）で運用するため、元本割れのリスクは低い ・購入から30日以内の解約は信託財産補留額が差し引かれる
MRF（マネー・リザーブ・ファンド）	・超短期の債券で運用される ・元本保証ではないものの、格付けの高い債券で運用するため過去に元本割れしたことはない ・解約コストがかからず、いつでも現金化が可能

[公社債投信の主な運用先]

事業債	公共債	
社債	国債	地方債
・一般の企業が発行する ・国債・地方債よりはリスクはやや高くなるが利率は高い	・日本国が発行する ・リスクは極めて低く、銀行預金よりも利率はよい	・地方公共団体が発行する ・リスクも低い ・地元のインフラなどに使われ、生活にも寄与

公社債投信は、株式をいっさい組み入れることなく債券のみで運用します。低リスクで元本割れするケースはほとんどなく、換金性も高いのが特徴です。

10

投資信託の種類⑤

商品相場で運用「コモディティ型」

▼エネルギーや農産物などに投資する

原油や天然ガスなどのエネルギー、大豆やトウモロコシなどの農産物、ゴムなどの工業用品の取引を商品取引といいます。**「コモディティ型投資信託」は、この商品取引で運用する金融商品**です。

コモディティ型には、金やトウモロコシといった特定の商品で運用するタイプと、複数の商品の値動きを反映させるコモディティ・インデックス（商品指数）に連動するタイプに大きく分類されます。初心者の場合は、どのコモディティ商品に投資するか考えなくてよいので、後者のインデックスに連動するタイプが投資しやすいといえます。

▼ハイリスク・ハイリターン

コモディティ型は**株式市場や債券市場と関係のない値動きをします。**そのため、分散投資を行なう際の運用先の一つとして使うことが可能です。

ただし、コモディティ型は、株式型や債券型と比較すると、値動きの激しさが特徴です。投資信託の中では**リスクが高く、信託報酬も高めですが、1年間で30%以上のリターンを出しているものも少なくありません。**

コモディティは海外市場での取引が中心であるため、為替リスクを伴うケースがあります。こまめに値動きを確認し、早めに利益を確定して解約するのも一つの方法です。

用語解説

コモディティ

原油·天然ガスなどのエネルギー類、金やプラチナなどの貴金属類、トウモロコシや大豆などの農産物類といった「商品」のことを指す。世界の商品取引所で取引されている。

コモディティ型投資信託のしくみ

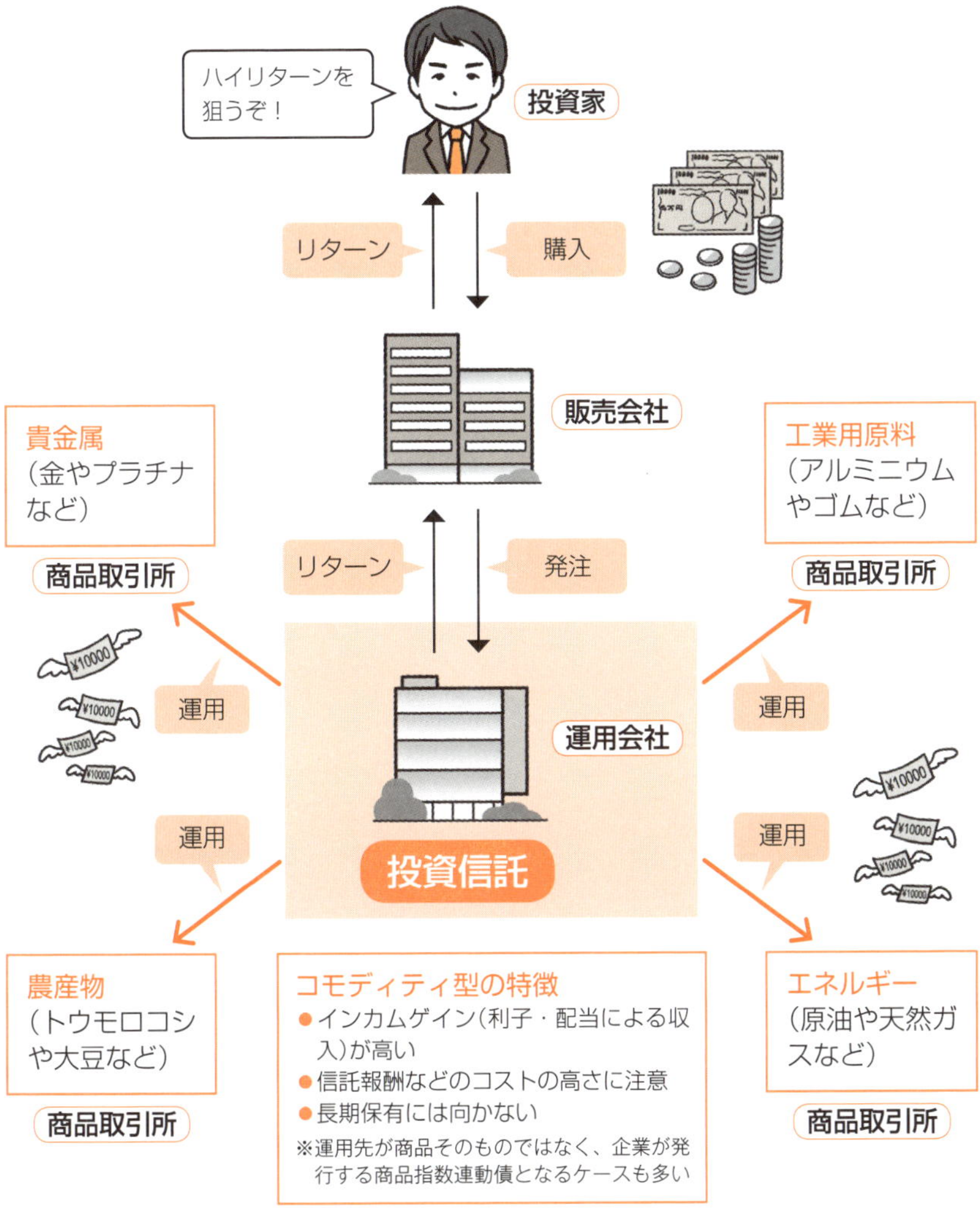

コモディティ型は投資信託の中ではハイリスク・ハイリターンの商品です。そもそも商品取引はハイリスクな取引で、投資初心者には手が出しづらいもの。しかし投資信託であれば、難しい取引を専門家にゆだねられ、ハイリターンが狙える商品とも考えられます。

投資信託の種類⑥

11 3つの利益が狙える「通貨選択型」

▼選択した外貨で買い付ける

投資信託は通常、国内の投資対象のタイプのものは日本円で購入することになりますが、「通貨選択型投資信託」では、投資家が購入する際に通貨を選ぶことができます。これは、投資家は販売会社で通貨選択型を購入する際は円で購入代金を払いますが、運用会社は投資先に資金を投じるときには、投資家が選択した外貨で買い付けるということです。

▼金利差や対円レートの為替利益も！

通貨選択型では3つの利益を狙えます。一つ目はほかのタイプの投資信託と同様、「投資先の資産が上昇することで得られる収益」です。これは投資対象資産が値上がりしたときや配当・利子が支払われたときの利益です（値下がり時は、損失を被ることもある）。

2つ目は「金利差による為替差益」です。選択した通貨の金利（短期）が、投資資産対象の通貨の金利より高いとき、金利差分の収益が得られます。逆に選択した金利のほうが低いときは、金利差分のコストがかかります。現在の日本は超低金利の状態にあるため、多くの通貨で為替差益を得ることが可能です。

3つ目は「円と外貨の為替差益」です。ファンドと投資先のやり取りは為替変動の影響を受けるため、選択した通貨が対円レートで上昇したとき（円安）のときは為替差益が出ます。逆に下落したときは為替差損が生じます。

用語解説

通貨選択型投資信託

株式や債券などといった運用先（投資対象商品）に加えて、為替取引の対象となる円以外の通貨も選択することができるように設計された投資信託をいう。

通貨選択型投資信託のしくみ

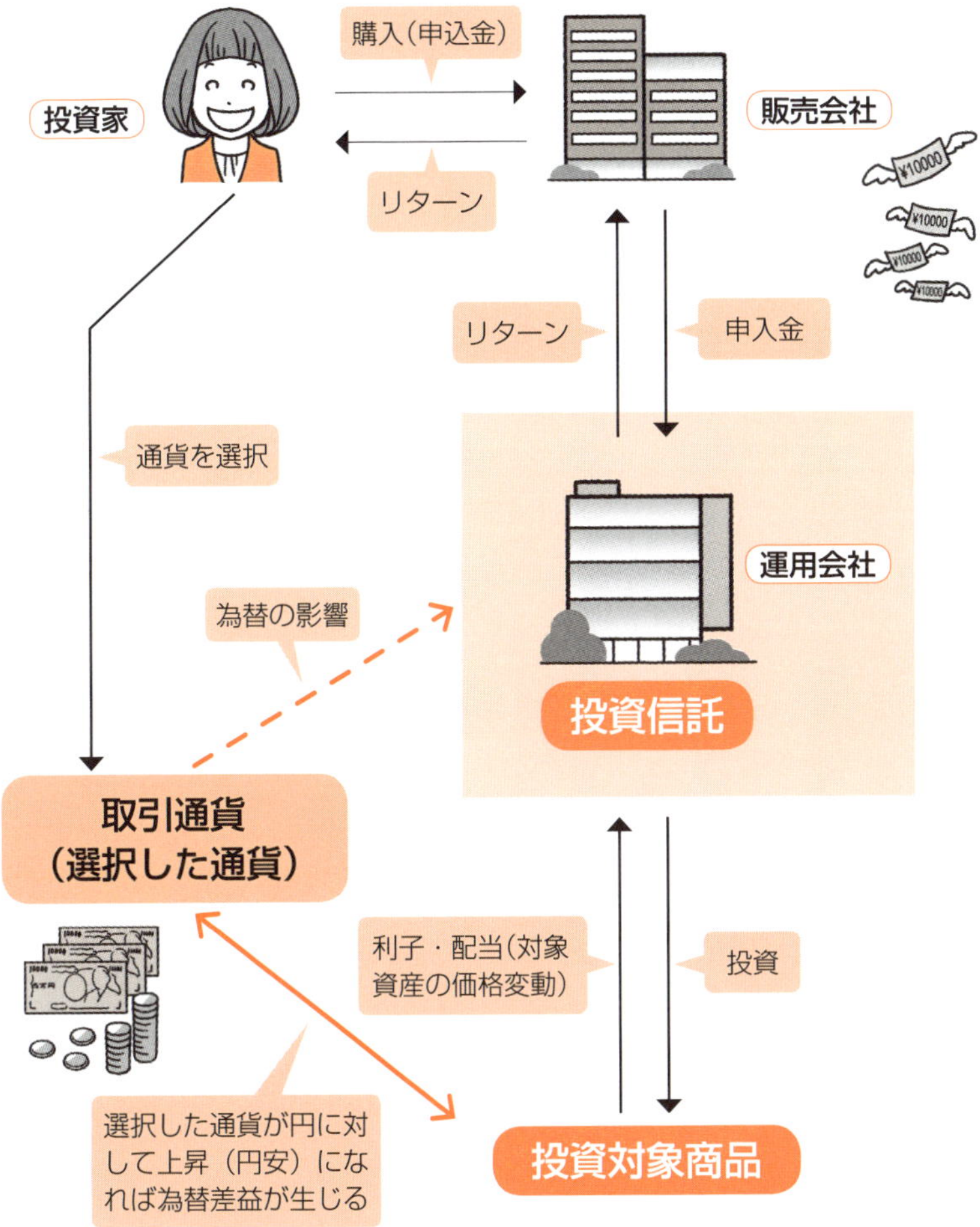

取引通貨を選択できるということは、選択通貨によるリスク要素が増える一方、その分リターンも期待できます。為替の動きを予測するのは簡単ではありませんが、それが投資のおもしろさともいえます。

12 分散投資でリスク軽減「バランス型」

投資信託の種類⑦

▼さまざまな投資先にリスクを分散

国内株式型であれば国内の株式が、外国株式型であれば外国の株式が運用対象になります。これに対し、**「バランス型投資信託」はさまざまな投資先で運用する商品**です。

分散投資の重要性は繰り返し述べてきましたが、具体的にリスクを考えながら、どのような投資信託を、どの程度購入するかの判断は難しいもの。しかし、「バランス型」であれば**自動的に分散投資を行なってくれる**ので、投資初心者でも安心です。

▼資産配分を見直す手間が省ける

資産に余裕があれば、複数の投資信託やほかの金融商品で分散投資が行なうことも可能です。ただし、複数の金融商品で分散投資を行なった場合も、定期的な資産配分の「見直し作業（リバランス）」が必要です。その理由は、複数の金融商品に投資しても、値上がりしたり、値下がりしたりする商品があるため、資産配分に変化が現れるから。分散投資の効果を考えれば、その配分の変化を元に戻す必要があります。ただし、この見直し作業は投資商品の入れ替えなど、かなり面倒なのです。

しかし、**バランス型の投資信託なら、この面倒な見直し作業も行なってくれます。**複数の商品に分散投資しなくても少額から分散投資できる点がメリットですが、実は「見直し作業の代行」も大きなメリットなのです。

用語解説

リバランス

運用を続けて資産配分が変わったときに、売買を行なって元の資産配分に戻すこと。「値上がりしたものを売却し、値下がりしたものを買い増しする」という方法で行なう。

バランス型投資信託の運用先例

[運用先例①] セゾン・バンガード・グローバル・バランス・ファンド

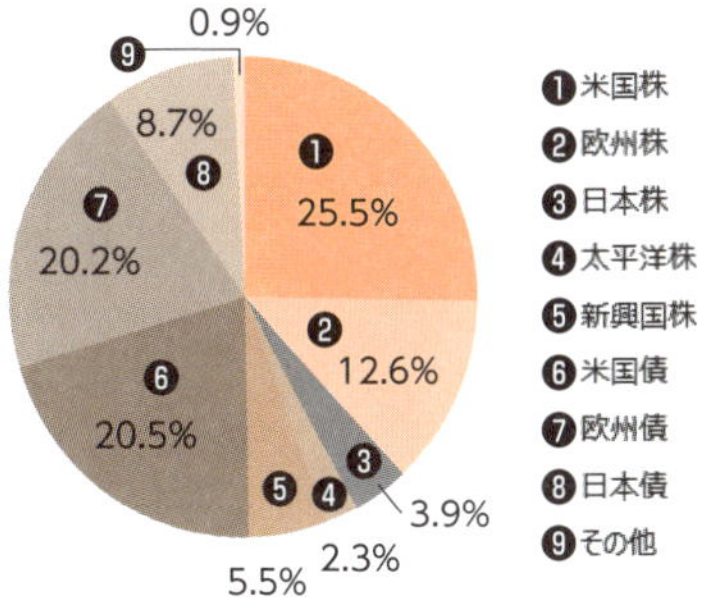

0.9%
❶ 25.5%
❷ 12.6%
❸ 3.9%
❹ 2.3%
❺ 5.5%
❻ 20.5%
❼ 20.2%
❽ 8.7%
❾
❶米国株
❷欧州株
❸日本株
❹太平洋株
❺新興国株
❻米国債
❼欧州債
❽日本債
❾その他

アメリカや欧州の株式や債券に多く投資されているな！

[運用先例②] SBI資産設計オープン（資産成長型）

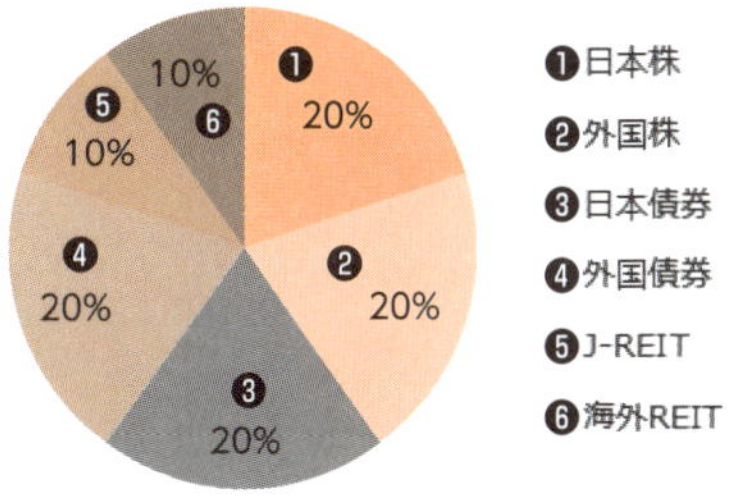

❶ 20%
❷ 20%
❸ 20%
❹ 20%
❺ 10%
❻ 10%
❶日本株
❷外国株
❸日本債券
❹外国債券
❺J-REIT
❻海外REIT

国内の株式や債券、外国の株式や債券を中心にバランスよく投資されているぞ！

[運用先例③] 楽天グローバル・バランス（成長型）

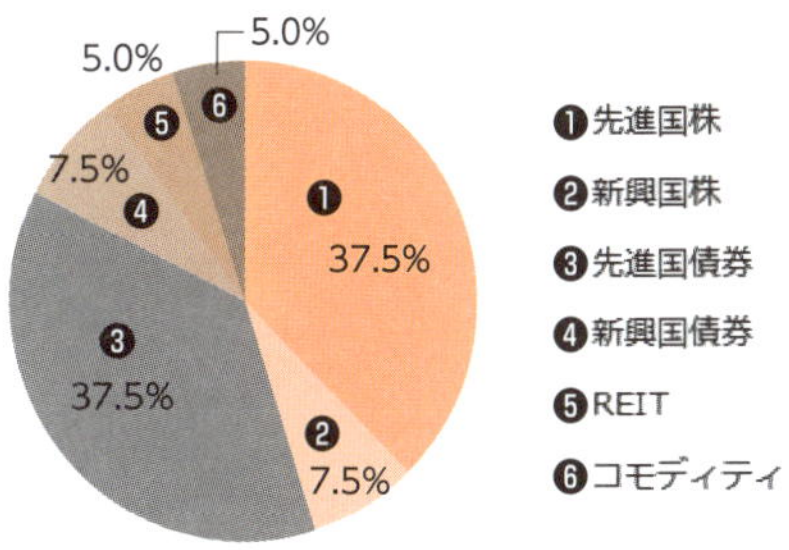

❶ 37.5%
❷ 7.5%
❸ 37.5%
❹ 7.5%
❺ 5.0%
❻ 5.0%
❶先進国株
❷新興国株
❸先進国債券
❹新興国債券
❺REIT
❻コモディティ

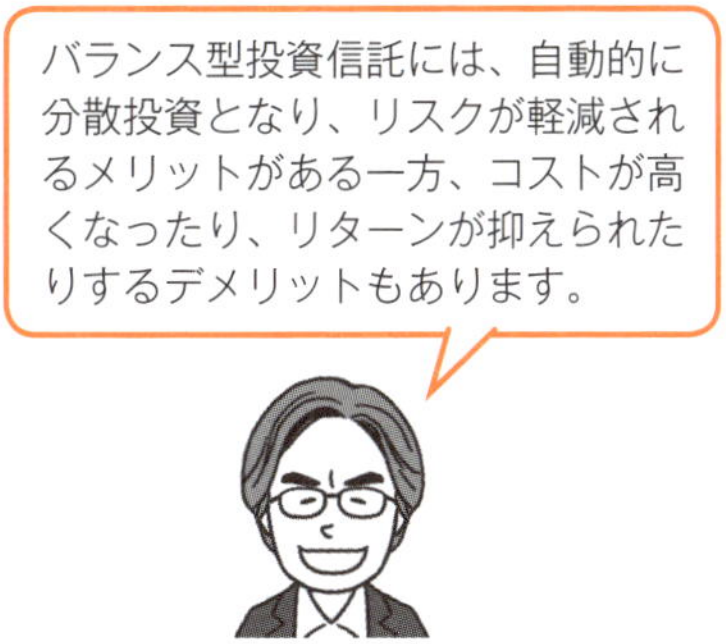

バランス型投資信託には、自動的に分散投資となり、リスクが軽減されるメリットがある一方、コストが高くなったり、リターンが抑えられたりするデメリットもあります。

13 投資信託の種類⑧
投信に投資「ファンド・オブ・ファンズ」

▼多数の投資先に分散できる

自分が投資（購入）した投資信託が、別の投資信託に投資する「ファンド・オブ・ファンズ」という商品があります。**ファンド・オブ・ファンズは、複数の投資信託を組み入れて投資・運用する**のが特長で、分散投資と安定性をさらに追及した商品だといえます。

例えば株式50銘柄に投資している投資信託が10種類あった場合、この10の投資信託に投資しているファンド・オブ・ファンズであれば、結果として500（50銘柄×10種類）の銘柄に分散投資していることになります。

また、株式など一つのジャンルにかぎらず、**株式と債券、コモディティといったように別カテゴリーの商品の組み合わせもあります。**実際、同じカテゴリーの投資信託だけに投資しているのでは、あまり分散投資のメリットはありません。多様な投資分野に分かれているほうがより安定性が高まります。

▼トータルのコストをチェック

ファンド・オブ・ファンズは**投資信託に投資するため、運用コストが二重にかかります。**つまり、ファンド・オブ・ファンズ自体のコストと、さらにそこから投資する先のコストがかかって、信託報酬は割高になる傾向があります。目論見書には、「実質的な信託報酬率」が記載されているので、購入する前に必ず確認しましょう。

用語解説

ライフスタイルファンド

ファンド・オブ・ファンズの代表的な商品の一つ。投資先のリスクによって商品群が分かれており、投資家の年齢によって低リスク型から高リスク型への資産配分の移行なども可能。

複数の投資信託に投資

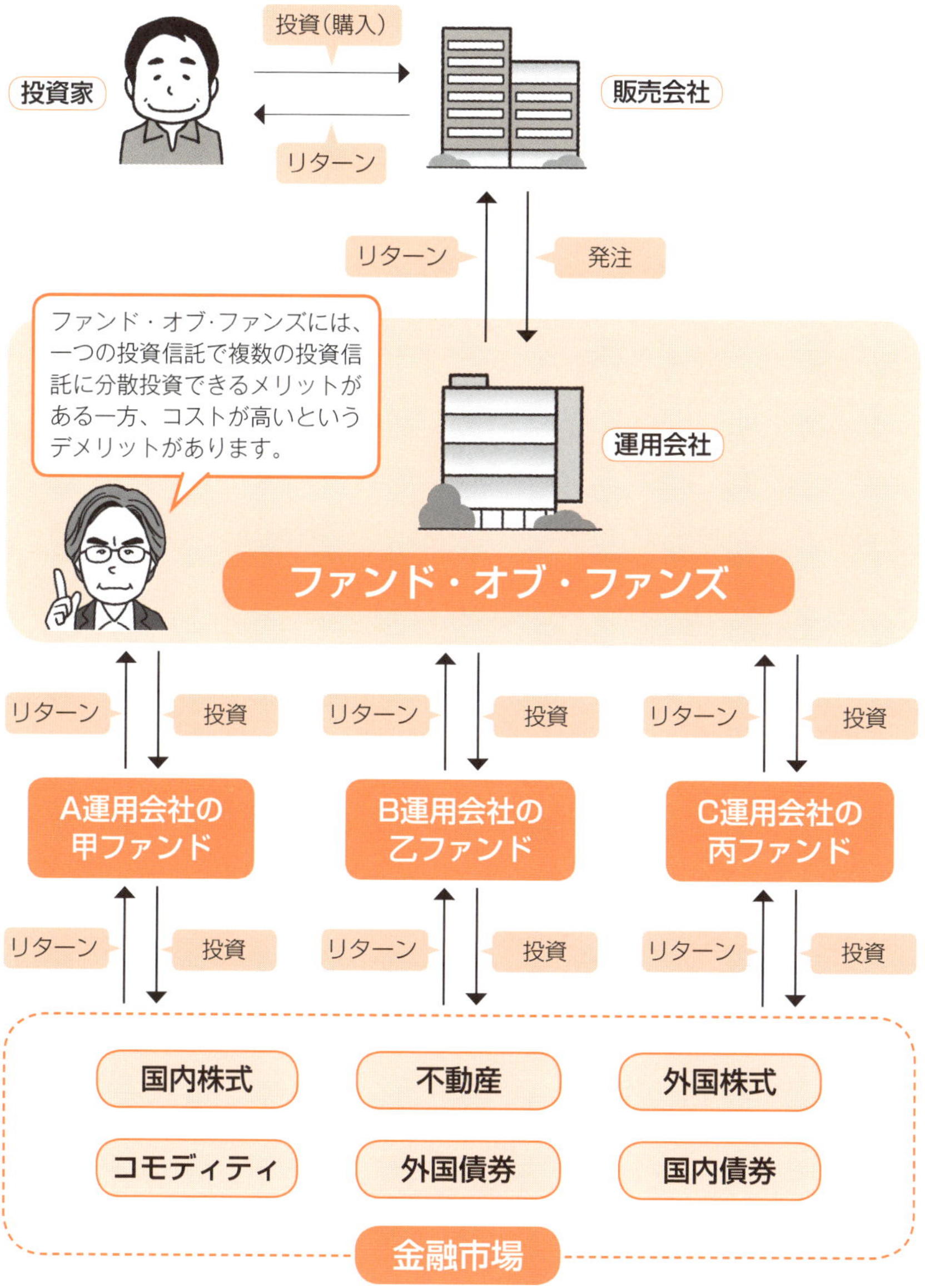
投資家
投資（購入）
リターン
販売会社
リターン
発注
ファンド・オブ・ファンズには、一つの投資信託で複数の投資信託に分散投資できるメリットがある一方、コストが高いというデメリットがあります。
運用会社
ファンド・オブ・ファンズ
リターン
投資
リターン
投資
リターン
投資
A運用会社の甲ファンド
B運用会社の乙ファンド
C運用会社の丙ファンド
リターン
投資
リターン
投資
リターン
投資
国内株式
不動産
外国株式
コモディティ
外国債券
国内債券
金融市場

14 投資信託の種類⑨ 高収益を狙う「ブル型」「ベア型」

▼金融派生商品で運用する

投資信託には高リスクを取って高収益を狙うタイプの商品もあります。その一つが「デリバティブ型投資信託」です。

デリバティブ型はまさに高収益を狙って設計された投資信託です。**デリバティブは「金融派生商品」**と呼ばれ、金融商品そのものを取引するのではなく、株式指数先物取引（株価の変動による差金決済）やオプション取引（売り・買いの権利取引）などが投資信託の運用対象となります。

▼株価下落時のリスクヘッジにも使える

では、デリバティブ型の代表例である「ブル型」「ベア型」で説明しましょう。

ブル型やベア型は日経平均株価や東証株価指数などのベンチマークに連動するしくみの投資信託ですが、**レバレッジ効果によって大きなリターンを狙う**点がインデックス型と異なります。

ブル型は「強気＝上昇」を意味し、基準となる指数が上昇すれば基準価額も上昇。ベア型は「弱気＝下落」を意味し、基準となる指数が下落すれば基準価額が上昇します。そのため、**株価下落時のリスクヘッジ（リスク回避のための投資）にも使えます。**

ただし、デリバティブ型は、基準価額の変動幅が大きく、大きなリターンを狙える一方、損失もまた大きくなるリスクを抱えています。

用語解説

ブル／ベア

ブル（Bull）は牛が角を下から上へ突き上げる動作から「上昇」を、ベア（Bear）は熊が相手を攻撃するとき、前足を上から下へ振り下げることから「下落」を示す。

ブル型・ベア型はハイリスク・ハイリターン

[ブル型(強気)]

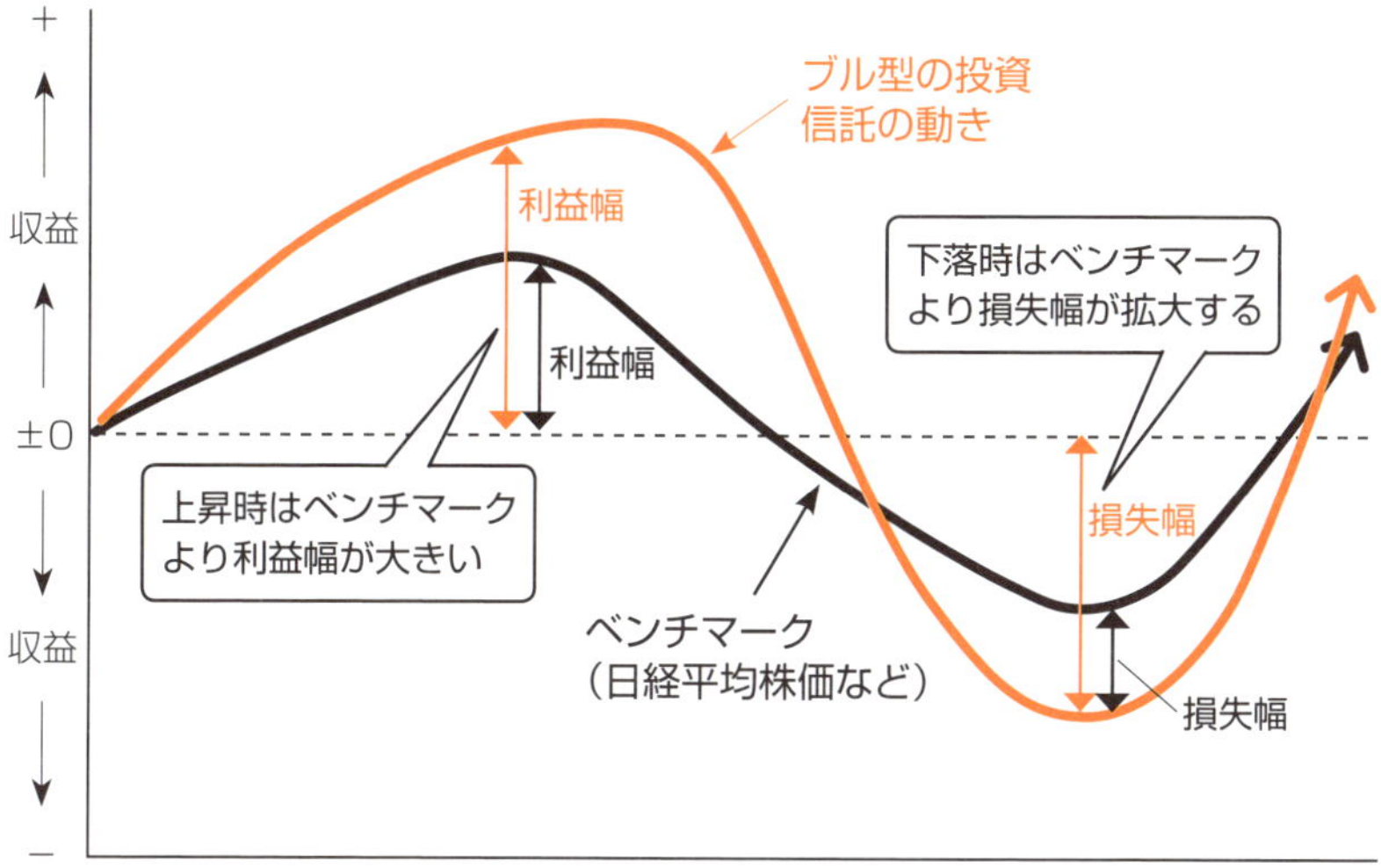

[ベア型(弱気)]

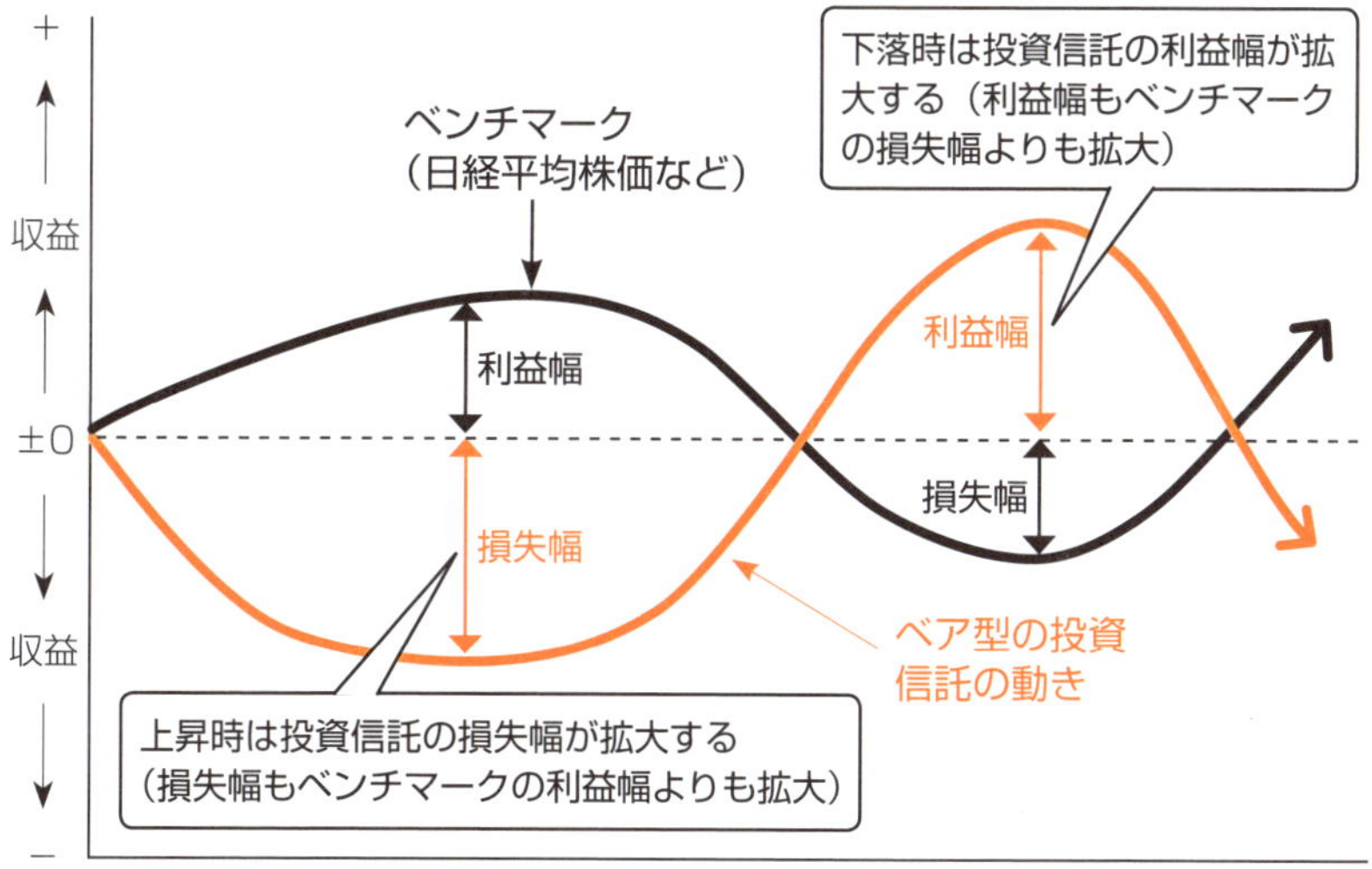

※ブル型・ベア型は、先物取引のレバレッジ効果を利用して、基準となる指数の値動きを大幅に上回る運用成果を目指します。先物取引では「高い値段で売って、安い値段のときに買い戻す」といった取引を行ない、下落相場でも利益を出すことが可能。ベア型はこのしくみを利用した商品です。

投資信託の種類⑩

15 株式のように売買「上場投資信託」

▼ETFは証券会社で購入する

投資信託の中には、株式のように証券取引所に上場されて売買されている「上場投資信託（ETF）」という商品もあります。ETF（Exchange-Traded Fund）は日経平均株価や東証株価指数などに連動するように設定されたインデックスファンドで、株価指数連動型上場投資信託とも呼ばれます。

投資信託は通常、銀行や郵便局でも購入できますが、ETFは証券会社に口座を開設しなければ購入できません。

なお、同様に証券取引所で売買されるものに、上場投資証券（ETN）、不動産投資信託（150ページ参照）などがあります。

▼リアルタイム取引が可能

ETFとほかの投資信託との違いとして、売買金額が挙げられます。投資信託は1日に1回、基準価額が算出されますが、ETFでは市場の取引時間中、常に変動しています。そのため、変動する価格を見ながら取引時間中に売買することができます。また、成行注文（そのときの値段で買い付ける注文）や指値注文（指定した値段になったら売買が成立）、信用取引（証券会社からお金を借りて売買）など、株式と同様の売買方法も可能です。

コストとして売買委託手数料や信託報酬がかかりますが、信託報酬は一般的な投資信託よりも低めに設定される傾向にあります。

用語解説

上場投資証券（ETN）

「Exchange Traded Note」の略で、金融機関がその信用力をもとに、価格が特定の指標に連動することを保証する債券。ETFと同様、価格は株価指数や商品価格など特定の指標に連動する。

ETFと一般の投資信託の違い

	ETF	一般の投資信託
販売会社	証券会社にかぎられる	銀行や郵便局でも購入可能
保有コスト（信託報酬）	信託報酬（年率）は、投資信託の保有額の0.1～1.0%で、一般的な投資信託よりも低い傾向にある	信託報酬はアクティブ型が1～3%、インデックス型が0.3～0.5%が目安
売買方法	取引時間中は、株式取引のように値動きを見ながらリアルタイムで売買できる	取引終了後に確定する当日の基準価額での取引となる
注文方法	成行注文や指値注文が可能	値段の指定は不可
信用取引	可能	不可
その他	連動を目指す株価指数と同じように分散投資される。投資信託と同様、国内の株価指数のほか、海外の株価指数、コモディティや債券などへの連動を目指すものなど、直接投資が難しい投資先にも比較的、手軽に投資できる	投資信託の種類によって異なる

※ETFの最低購入金額の目安は15万円程度。証券会社や商品によって異なります。

ETFは、証券取引所に上場されたインデックス型の投資信託と考えましょう。株式と同様に取引できる点や、証券会社だけで取引可能な点などが、株式投資に似ています。

16

投資信託の種類⑪

不動産で運用「不動産投資信託」

▼オフィスビルや商業施設に投資する

オフィスビルや商業施設などの**不動産に投資して利益を得る投資信託が「不動産投資信託（J-REIT）」**です。投資対象にはホテルやマンション、倉庫なども含まれます。不動産投資信託では、賃料収入や売却益などで得られる運用益を投資家に分配します。

不動産投資信託は国内の不動産に投資する「国内型」と、海外の不動産に投資する「外国型」とに分けられます。

また不動産投資信託は、J-REIT専用の上場市場が設けられています。そのため換金性が低く投資金額も大きい実物の不動産売買に比べて、流動性が確保されています。

▼少額で複数物件が「買える」

不動産投資信託には、**オフィスビルなどだけで運用する「特化型」**のほか、オフィスビルとマンションというように**2種類の用途物件で運用される「複合型」、3種類以上の用途物件を組み合わせた「総合型」**があります。目論見書で投資対象となる不動産をよく確認したうえで購入しましょう。

不動産投資信託の最大のメリットは、**少額で不動産に投資できる**点です。不動産といえば、小さいワンルームマンションでも最低1000万円程度の資金が必要です。しかし、投資信託であれば少額から複数の不動産物件に投資することが可能です。

用語解説

J-REIT

証券取引所に上場しているREITのこと。REITとは「Real Estate Investment Trust」の略で、そのしくみはアメリカで生まれた。日本では頭に「J」をつけて「J-REIT」と呼ばれる。

不動産投資信託のしくみ

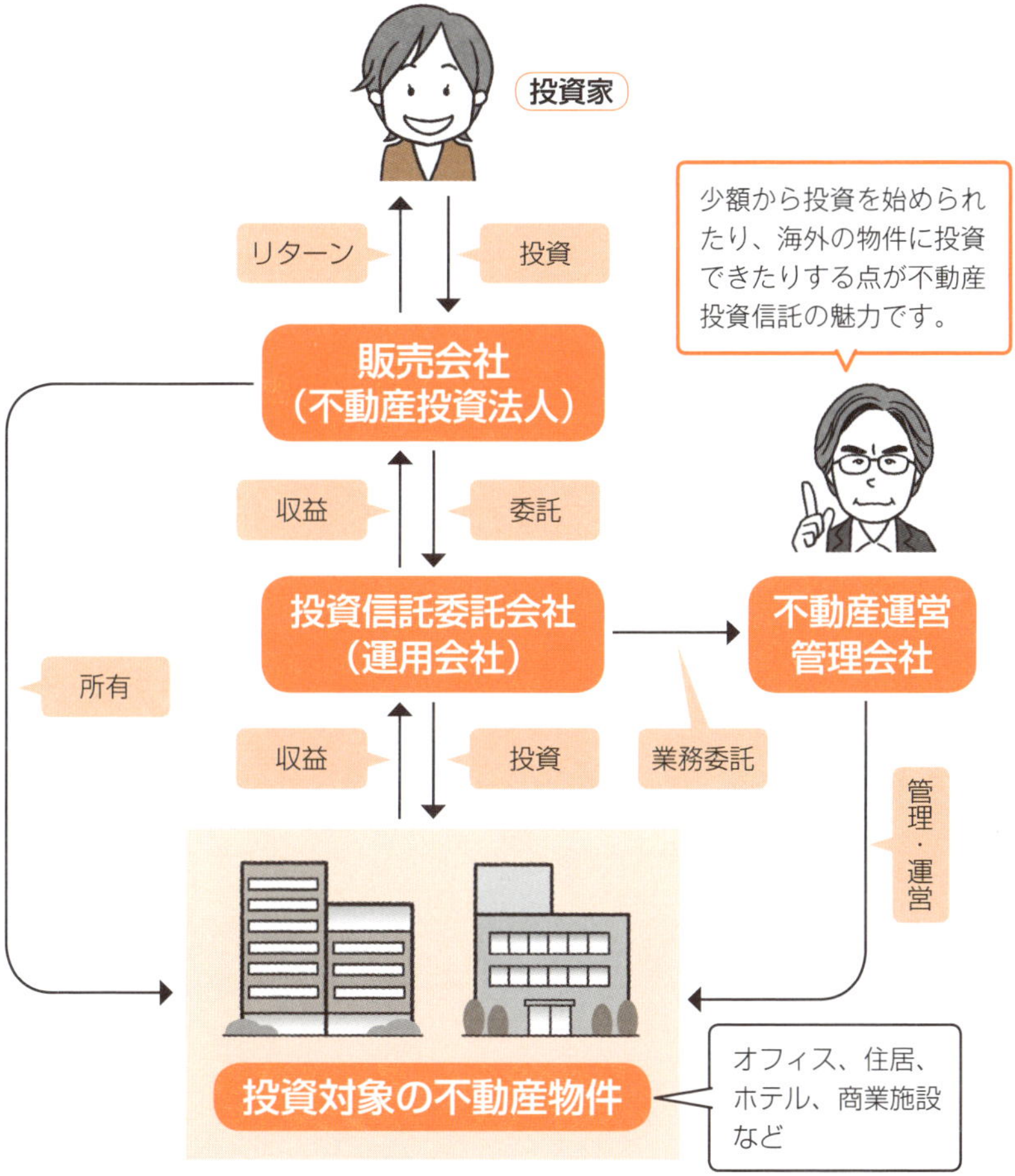

[運用先で分類した主な不動産投資信託]

総合型	複合型	単一用途型
• 3種類以上の用途物件で運用する	• 2種類の用途物件で運用する	• 目的が明確に決まっている物件で運用する • オフィスビル特化型、住居特化型、ホテル特化型、商業施設特化型がある

17 投資信託の種類⑫ 高い利回り「ハイ・イールド債券型」

▼低金利の時代に人気を集める

日本では低金利が続いていますが、中には高利回りを狙える金融商品もあります。その一つが「ハイ・イールド債」という債券です。

利回りがよいのには理由があります。国や企業などの発行体の信用力が低い債券の場合、そのままだと買い手がなかなか付きません。そのため、利回りを高く設定して、投資家から資金を引き出そうとしているわけです。もちろん、信用力が低いということで、それだけリスクも高くなります。投資信託にもこのハイ・イールド債で運用する「ハイ・イールド債券型投資信託」があります。低金利が続くこの時代、実は人気を集めている商品なのです。

▼デフォルトのリスクがともなう

債券の利払いや償還が不可能になることをデフォルト（債務不履行）といいます。ハイリスク商品に投資する場合、そのリスクも考慮する必要があります。その際の尺度の一つとして「格付け」があります（104ページ参照）。信用度の高い商品は「投資適格」と位置付けられるのに対し、リスクの高い商品は「投機的格付け」と位置づけされます。

ハイ・イールド債券型は、高い利回りの債券を組み込み、投機的格付けの商品を中心に運用されます。ほかの債券よりも高い利回りが期待できますが、デフォルトのリスクも高いので十分注意しましょう。

用語解説

ハイ・イールド債

信用格付けが低いということで、高利回りの債券。利回りは高いが、元本割れやデフォルトのリスクも高いため、ハイリスク・ハイリターンの債券といえる。

ハイ・イールド債

ハイ・イールド ➡ 信用力の低い債券に投資し、ハイ(high＝高い)・イールド(yeild＝利回り)を狙う

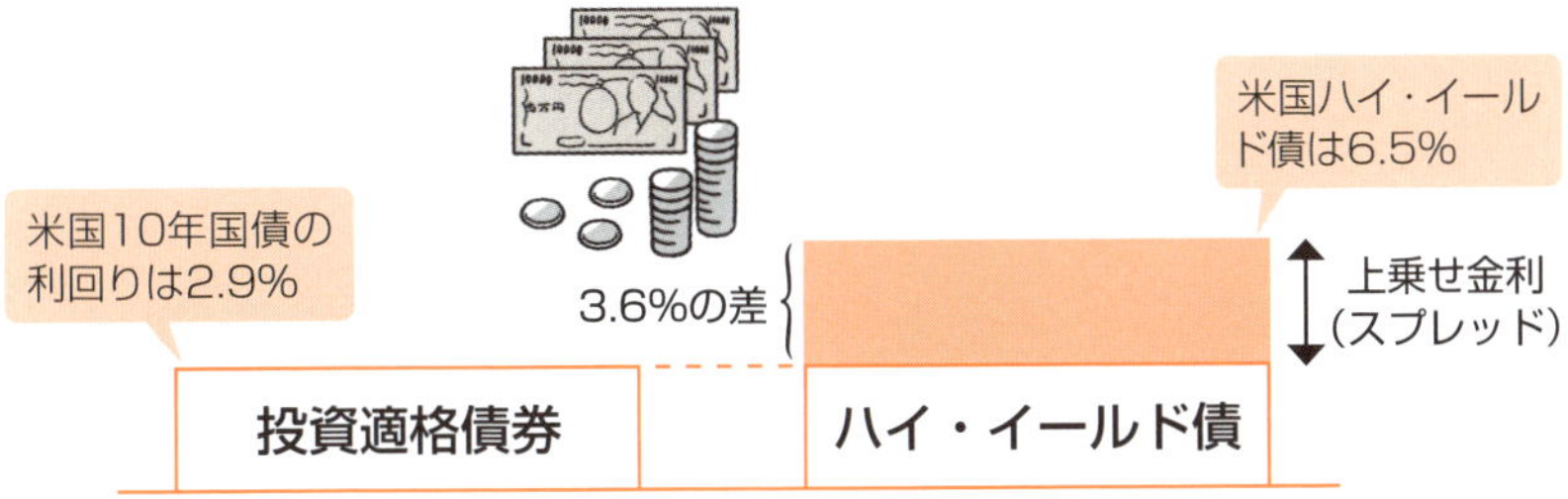

※2018年6月末時点

投資適格債券に比べて、ハイ・イールド債は、デフォルト(債務不履行)のリスクが高いため、その分、金利が上乗せされている。

[投資適格債券とハイ・イールド債の格付け]

格付け会社	スタンダード・アンド・プアーズ	ムーディーズ
投資適格債券	AAA AA A BBB	Aaa Aa A Baa
投機的格付け債券 (ハイ・イールド債)	BB B CCC CC C	Ba B Caa Ca C

高 ↑ 信用力 ↓ 低

リスクのある投資先でも複数に分散して投資することで、リスクを分散することができます。金利が上乗せされているハイ・イールド債は、高い利回りが期待できる点が魅力です。

18 投資信託の種類⑬ 商品選定から任せる「ファンドラップ」

▼金融機関に商品を選んでもらう

投資信託は金融のプロに運用を任せるという点で初心者向きですが、商品の選択は、投資家が自身の責任において行ないます。しかし、それさえもハードルが高いという人には、**まとまった資金を証券会社や銀行に一任して、運用を行なう「ファンドラップ」**という金融商品もあります。

　これは金融の専門家が投資家の意向を聞き、また資産状況やライフプランなども調べたうえで運用を行ないます。運用を任された金融機関は「どこまでリスクが許容できるか」「どの程度のリターンを狙うか」などを勘案しながら、複数の投資信託を組み合わせます。

▼細かいサービス内容を調べる

投資信託を購入しようとする場合、どの商品を選ぶかということからスタートしますが、ファンドラップの場合、まずは**運用を任せる金融機関選びから始めます。**

　金融機関ごとにサービスが異なり、最低運用額も100万円や300万円といったように、**ある程度まとまった資金が必要**です。また、**リターンの保証があるわけではない**ので、その点も注意が必要です。

　ファンドラップは、手数料や運用管理費のほか、投資顧問料などがかかるケースもあり、金融機関ごとに異なるので、よく調べてから始めるようにしましょう。

用語解説

投資顧問料

「投資一任契約」に基づく運用サービスに対する報酬のこと。投資一任契約は、投資判断や売買発注などの投資に必要な権限を委任すること。

投資家に合わせた商品を選んでくれる

[ファンドラップで運用するには？]

①証券会社や銀行に相談する

②運用スタイルが提示される

③投資一任契約を結ぶと、プロが商品選定から運用まで行なってくれる

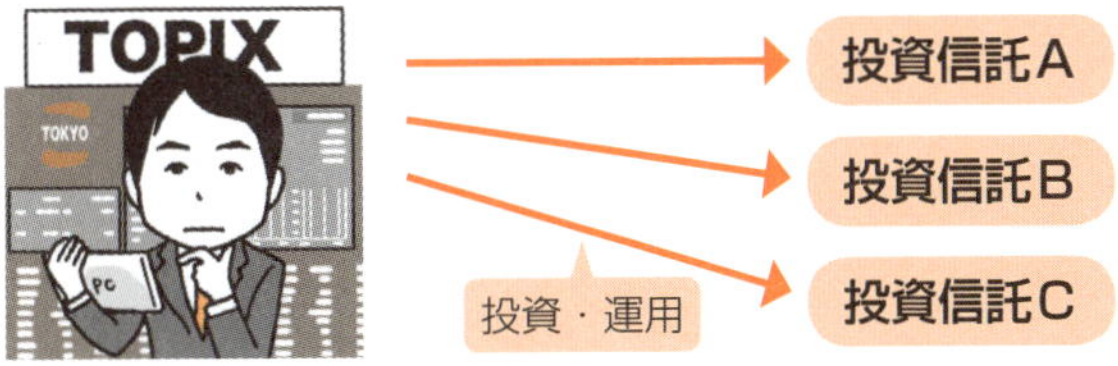

[ファンドラップの特長]

メリット
- 運用のプロに丸投げできる

デメリット
- リターンは保証されていない
- ある程度、まとまった資金が必要
- コストが高くなりがち

Chapter 05

税金がお得なNISAって？

本章のポイント

知識ゼロのアナタでも

・お得な制度のしくみ
・知っておくべき注意点
・現行商品リスト

がわかる！

数カ月後
私は インデックス型だから 大きく利益は 出てないけど でも預金に比べれば 段違い♪
アタシは頑張って アクティブ運用してるわよ 今のところ結構 いい成績なんだから♪
でも 税金も 結構とられる のよね……
ほう 税金 ですか
それなら つみたてNISAを 利用してみては どうですか?
今どき 税金払ってる なんて…
つみたて NISA?
お得なNISA
ええ つみたてNISAは 2018年から 開始された制度で 値上がり益や分配金が 非課税になるんですよ
非課税!?
はい 年間の積立上限額が 40万円まで つみたて期間が 20年までと 制限はありますが
お得な制度なのは 間違いありません
NISA
やらなきゃ ソン!!
今 投資信託を 始めるのに つみたてNISAを 使わないなんて もったいなさすぎて 笑っちゃいますね
はははのはーっ
次は バッター 4番…
カラ…
おい
はい?!
先に教えろーー!
でも注意点も ありますよー
知るかっ
カーン
ホームラン!

01

NISAってどんな制度なの？

5年に限って税金がかからない

▼重い税負担から解放される!?

80ページで解説した通り、投資信託で得た利益には20%超の税金がかかります。1万円の利益があった場合、2000円以上を税金で持っていかれてしまうわけですから、かなりの負担といえるでしょう。しかし近年、個人の資産を投資へ回させるための施策として、比較的少額な範囲に限り**運用益を非課税にする制度が導入されました。**それが「**NISA**」と「**つみたてNISA**」です。

▼年間120万円までの非課税枠って？

まず、NISAについて解説しましょう。2014年に制度開始されたNISAは、**5年間という期間限定で、年間120万円までの非課税枠**が用意されています。つまり、この範囲に収まる投資資金からもたらされた利益には税金がかかりません。

仮に120万円分の株を購入し、150万円で売却したとしましょう。この値上がり益は30万円なので、通常であれば6万945円の税金が課せられますが、NISAであれば0円。非常にお得といえるでしょう。

ここまでの解説を読んで気づいた人もいるかもしれませんが、**NISAの対象となるのは投資信託に限定されません。**また、非課税期間も5年とやや短めです。どちらかというと大きな値上がりが期待できる株売買などにうってつけな制度と考えてください。

用語解説

ロールオーバー

NISA口座で買付・保有されている商品について、5年間の非課税期間が終了した後、さらに翌年の非課税投資枠に移すこと。ただし、NISAは2023年までの制度であるため、2019年以降の購入分についてはロールオーバーができない。

長期投資に有利な非課税制度

NISA口座では、毎年120万円分の金融商品（投資信託や株式など）が購入可能です。各年に購入した金融商品を保有している間に得た配当金や、値上がり後に売却して得た利益（譲渡益）は購入年から5年間、課税されません。

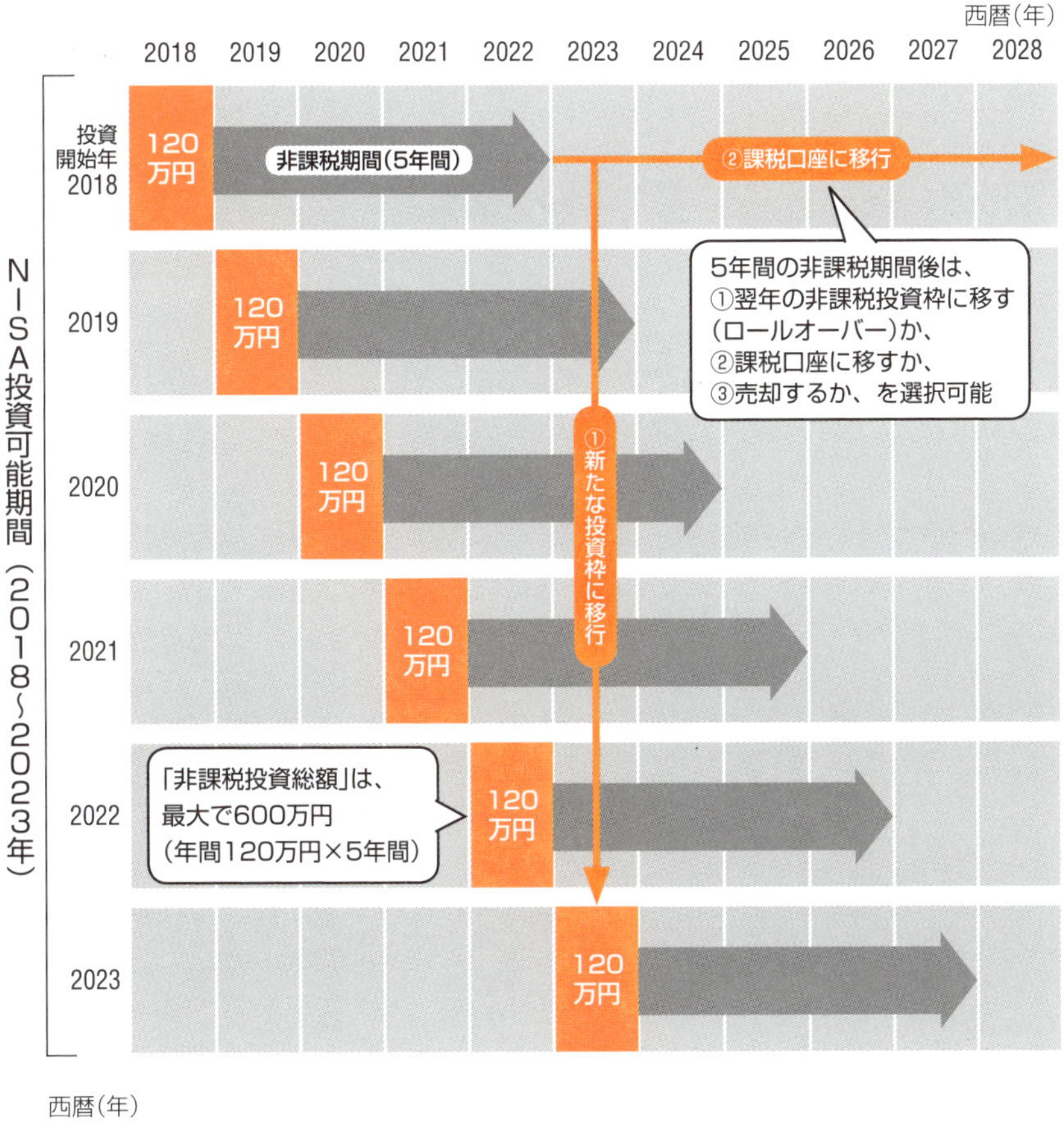

通常、取引で出た損失はほかの口座での利益分から差し引いて税額を算出することができます（損益通算）。しかしNISAの枠内で出た損失は、ほかの口座での損益通算ができないので、注意しましょう。

02

つみたてNISAって何？

投資信託のためにつくられた制度

▼投資信託のためのお得な制度

前項で解説したNISAで非課税となるのは年間120万円。投資の世界では少額ですが、一個人レベルで考えるとなかなかの額。そうそう使い切れるものでもありません。また非課税期間も5年間しかないので、長期運用が前提となる投資信託にはそぐわない面があるのも事実です。

そこで2018年に登場したのが「つみたてNISA」という制度。年間の非課税枠は40万円とNISAの3分の1ですが、非課税期間は20年とNISAの4倍もあります。非課税枠の限度額もNISAの600万円に比べて800万円と、よりお得です。

▼厳選された商品ラインナップ

また、つみたてNISAで投資対象となるのは投資信託のみ。つまり投資信託のために用意された制度なのです。

さらに特筆すべきは、つみたてNISAで取り扱う投資信託は、長期かつ分散投資に適した商品に限られている点です。

例えば、毎月分配金は支払われる投資信託は除外されますし、投資対象がコモディティなどの投資信託も含まれません。その結果、2018年8月時点での対象商品は148本となっています（167ページ参照）。多すぎる選択肢がしぼられているという点も、メリットと考えられるでしょう。

用語解説

ジュニアNISA

NISAの利用が20歳以上の投資家に限定されているのに対し、0～19歳までを対象にした制度がジュニアNISA。年間80万円の投資枠が5年間使える。

毎年40万円の非課税枠

毎年40万円を上限に、非課税投資枠を利用できます。各非課税投資枠の非課税期間は最長20年間。つまり、最大800万円（年間40万円×20年間）が非課税投資の対象です。

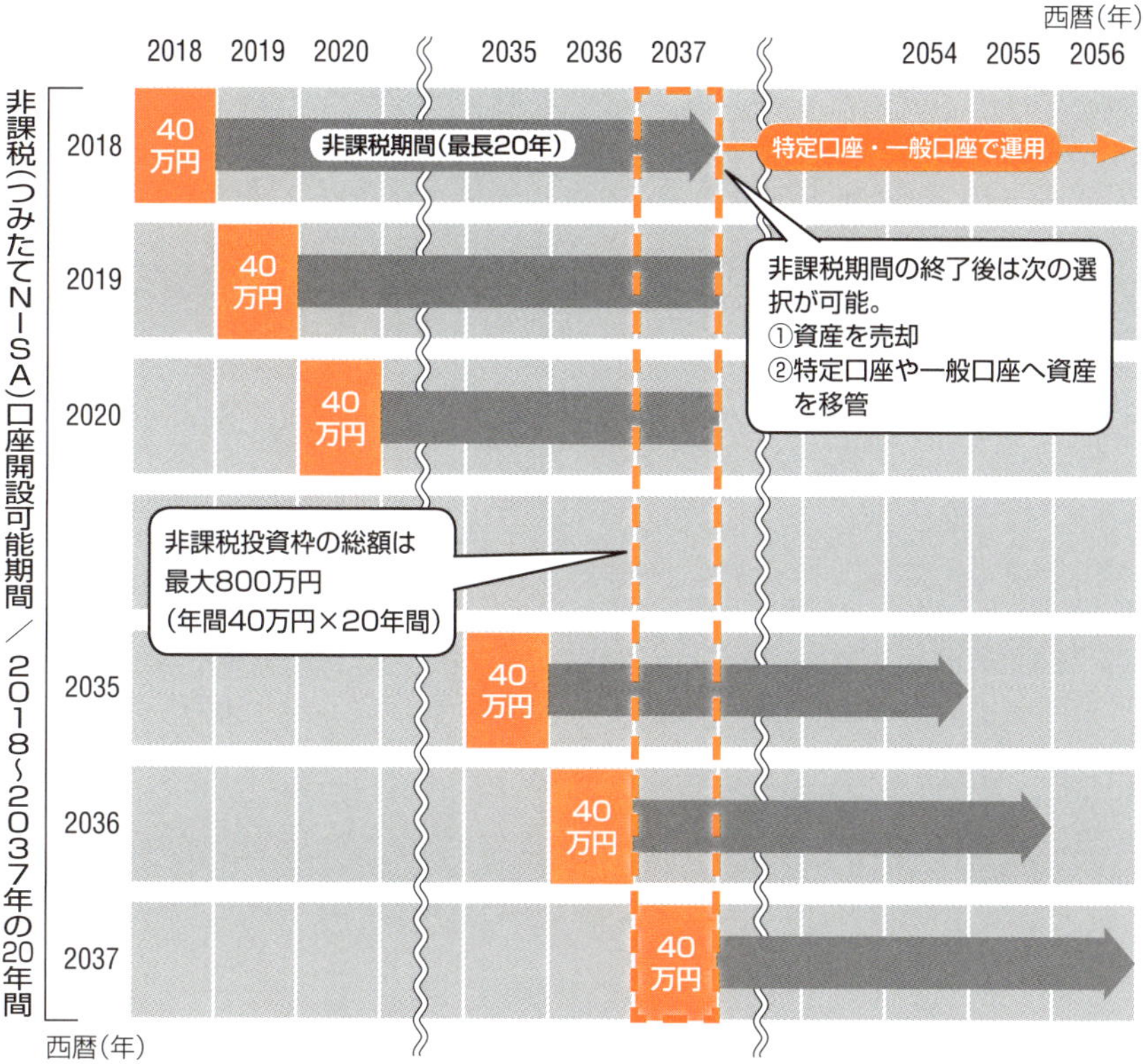

[NISAとつみたてNISAの違い]

	NISA	つみたてNISA
非課税投資枠	年間120万円	年間40万円
非課税期間	最長5年間	最長20年間
対象商品	投資信託・国内株式・海外株式など	法令上の条件を満たす投資信託のみ

03 つみたてNISAの運用

口座を開設して運用を始めよう

▼NISAにも専用口座が必要

50ページで解説しましたが、投資信託を売買するには販売会社で専用口座を開く必要があります。ただ、本章で紹介したNISAおよびつみたてNISAを利用するためには、通常の投資信託口座ではなく、NISA用の口座を開かなければなりません。

税制面で優遇されるNISAの口座については、いくつか注意点があります。まずは、普通の投資信託口座と異なり、一人1口座しか開設できない点。商品ラインナップをしっかり検討してからどの販売会社で口座を開くかを決定してください。

次に、口座開設にも期限が設けられている点にも気をつけましょう。NISAは2023年、つみたてNISAは2037年が最終開設年になっています。

▼NISA口座にまつわるあれこれ

前述の通り、NISA口座は一人1つしか開設できません。ただしNISA口座をつみたてNISA口座に変更することは可能。すでにNISA口座を持っている人が投資信託で長期運用したい場合には変更を検討するとよいでしょう。ただしこの変更も、年に1回しか行なえないことには注意してください。

また、販売会社の変更も可能です。この場合、変更しようとする年の9月末までに手続きを終える必要があります。

用語解説

iDeCo（個人型確定拠出年金）

加入者が毎月一定の掛け金を拠出して積立を行ない、あらかじめ用意された定期預金・保険・投資信託といった金融商品で自ら運用する年金制度。積立・運用したお金は、60歳以降に年金または一時金で受け取るしくみ。

こんな人につみたてNISAはおすすめ

[タイプ1　今まで投資をしたことがない人]

現在、6000近い数の投資信託が国内で販売されている。投資初心者の場合、「どれを選んだらよいかわからない…」と悩むもの。しかし、つみたてNISAで購入できる投資信託は、「長い時間をかけて着実に資産形成できる」というモノサシで、金融庁が厳選したものばかり。だから投資初心者でも安心して選ぶことができる。

[タイプ2　まとまったお金がない人]

「投資信託を始めたいけれど、まとまったお金がない…」という人こそ、つみたてNISAを利用しよう。つみたてNISAの非課税となる上限投資額は年間40万円、投資方法は積立投資に限られている。ネット証券では最低100円からつみたてNISAを活用できるケースもあり、お小遣い程度の金額でも始められる。

[タイプ3　老後資金の準備を考えている55歳以上の人]

つみたてNISAとよく比較される制度に「iDeCo」がある（用語解説を参照）。しかし、掛け金の拠出は60歳まで。また、通算加入期間が10年に満たない場合、60歳から年金を受け取ることができない。一方、つみたてNISAであれば年齢の上限はない。つみたてNISAで55歳から10年間積み立てるほうが積立期間も長くなり、お金も貯めることができる。

[タイプ4　中長期で備えたいお金がある人]

住宅購入資金や子どもの教育資金などを準備したいという人にも、つみたてNISAはおすすめ。iDeCo（個人型確定拠出年金）の場合、60歳まで積み立てたお金を引き出すことができないが、つみたてNISAは、いつでも引き出すことができる。目的に合わせて積立期間を検討し、コツコツ増やしていこう。

04 よくある質問 NISA・つみたてNISAのQ&A

Q1 非課税枠のしくみはどうなっているの？

まずよくある質問は「非課税枠って売れば元に戻るの？」というものです。例えばつみたてNISAで20万円の投資信託を購入し、同年中に売却したケース。「これで売った20万円分が非課税枠に戻って、40万円に回復するのか？」というわけですが、さすがにそこまでうまい話はありません。このケースではその年の非課税枠は残り20万円分となります。

次によくある質問は「あまった非課税枠はどうなるの？」というもの。**非課税枠については当年のみの枠であり、使い切れなかった枠の繰り越しはできません。**

A1 昨今は「携帯電話の無料通話分は翌月に繰り越し」なんてことがあたり前の時代です。しかし、NISAの非課税枠では残念ながら同様のしくみはありません。

Q2 つみたてNISAの対象商品は安全商品なの？

つみたてNISAの対象商品に選ばれるには、**純資産総額が50億円以上、運用期間が5年以上経過している**ことなど、厳しい条件を

用語解説

スイッチング

保有している金融商品を売却し、別の金融商品を購入して入れ替えること。ただし、スイッチングを行なうと新規の買い付けとみなされて非課税枠を消化することになるため注意。

クリアすることが求められます。そのため対象となる投資信託は、数千本もある商品の中からわずか140ほど（2018年8月現在）なのです。

厳しい条件をクリアしていることもあり、どちらかといえば比較的安全な金融商品だといえます。ただし、当然のことながら元本保証ではないため、「絶対に安全」というわけではありません。目論見書などをきちんと確認してから購入するようにしましょう。

A2 厳しい条件をクリアした厳選のラインアップといえますが、もちろん元本保証ではありません。油断せず、目論見書のチェックを忘れずに行ないましょう。

Q3 外国籍の人は取得できるの？ また海外赴任をする場合は？

NISA、つみたてNISAともに口座を開設できるのは、20歳以上の日本に居住している人ということになっています。これは日本国内で納税しているかどうかが問われるので、外国籍の人でも口座を開設することができます。一方、海外に赴任、あるいは海外に永住する人は、残念ながら口座を開設することはできません。また、NISA口座、つみたてNISA口座を開設していた場合には、出国と同時にその口座を廃止しなければなりません。この場合、口座を開設している金融機関から「出国届出書」を取り寄せ、記入したのちに提出する手続きが必要です。

口座を廃止する際は、NISA口座、つみたてNISA口座に置いてあった金融商品を、一般口座に移すことになります。ただし、金融機関によってはすべて解約しなければならないケースもあります。海外から新規の取引を行なうことは不可能なため、海外に赴任や永住する人は、速やかに手続きを行ないましょう。

A3　口座開設条件は日本居住であること。そのため、外国籍の人でも口座は開設できます。一方、海外に赴任したり永住したりする場合には残念ながら開設できません。

Q4　NISAやつみたてNISAは損益通算ができないの？

損益通算とは、投資信託などの投資で損失が出た場合、所得税を計算するときにほかの口座で得た利益と相殺できる制度です。また、投資信託を含む金融商品全体の1年間の収支で損失が出た場合には、その損失分を翌年へと繰り越して、利益と合算させることも可能です（82ページ参照）。

しかし**NISAやつみたてNISAでは、この損益通算ができません。**例えばつみたてNISA口座で、証券口座Aでプラス50万円、つみたてNISA口座でマイナス30万円だった場合、利益の50万円がそのまま課税対象になります。つみたてNISAの口座を含む、**複数の口座で並行して投資を行ないたい人にとっては、デメリット**といえるでしょう。

A4　つみたてNISA口座を含む、複数の口座で投資をしたい場合には要注意です！

用語解説

アセットマネジメント

投資家に代わって投資用資産の管理を行なう業務のこと。株式や債券、投資用不動産などの金融資産の管理を代行する業務一般を指す。

つみたてNISA対象商品（対象資産別）

[指定インデックス投資信託：129本]

単一指数・複数指数の区分	国内型・海外型の区分	指定指数の名称または指定指数の数	ファンド名称	運用会社
単一指数（株式型）	国内型	TOPIX	たわらノーロード　TOPIX	アセットマネジメントOne㈱
			iFree TOPIXインデックス	大和証券投資信託委託㈱
			＜購入・換金手数料なし＞ニッセイTOPIXインデックスファンド	ニッセイアセットマネジメント㈱
			ニッセイTOPIXオープン	ニッセイアセットマネジメント㈱
			野村インデックスファンド・TOPIX	野村アセットマネジメント㈱
			三井住友・DCつみたてNISA・日本株インデックスファンド	三井住友アセットマネジメント㈱
			i-SMT TOPIXインデックス（ノーロード）	三井住友トラスト・アセットマネジメント㈱
			SMT　TOPIXインデックス・オープン	三井住友トラスト・アセットマネジメント㈱
			eMAXIS Slim 国内株式（TOPIX）	三菱UFJ国際投信㈱
			eMAXIS TOPIXインデックス	三菱UFJ国際投信㈱
			つみたて日本株式（TOPIX）	三菱UFJ国際投信㈱
			Smart-i TOPIXインデックス	りそなアセットマネジメント㈱
		日経平均株価	朝日ライフ 日経平均ファンド	朝日ライフ アセットマネジメント㈱
			たわらノーロード　日経225	アセットマネジメントOne㈱
			しんきんノーロード日経225	しんきんアセットマネジメント投信㈱
			iFree 日経225インデックス	大和証券投資信託委託㈱
			＜購入・換金手数料なし＞ニッセイ日経平均インデックスファンド	ニッセイアセットマネジメント㈱
			ニッセイ日経225インデックスファンド	ニッセイアセットマネジメント㈱
			農林中金＜パートナーズ＞つみたてNISA日本株式 日経225	農林中金全共連アセットマネジメント㈱
			野村インデックスファンド・日経225	野村アセットマネジメント㈱
			野村つみたて日本株投信	野村アセットマネジメント㈱
			i-SMT 日経225インデックス（ノーロード）	三井住友トラスト・アセットマネジメント㈱
			SMT　日経225インデックス・オープン	三井住友トラスト・アセットマネジメント㈱
			eMAXIS Slim 国内株式（日経平均）	三菱UFJ国際投信㈱
			eMAXIS 日経225インデックス	三菱UFJ国際投信㈱
			つみたて日本株式（日経平均）	三菱UFJ国際投信㈱
			Smart-i 日経225インデックス	りそなアセットマネジメント㈱
		JPX日経インデックス400	iFree JPX日経400インデックス	大和証券投資信託委託㈱
			＜購入・換金手数料なし＞ニッセイJPX日経400インデックスファンド	ニッセイアセットマネジメント㈱
			野村インデックスファンド・JPX日経400	野村アセットマネジメント㈱
			SMT　JPX日経インデックス400・オープン	三井住友トラスト・アセットマネジメント㈱
			eMAXIS JPX日経400インデックス	三菱UFJ国際投信㈱
	海外型	MSCI ACWI Index	全世界株式インデックス・ファンド	ステート・ストリート・グローバル・アドバイザーズ㈱
			野村つみたて外国株投信	野村アセットマネジメント㈱
			三井住友・DCつみたてNISA・全海外株インデックスファンド	三井住友アセットマネジメント㈱
			eMAXIS Slim 全世界株式（除く日本）	三菱UFJ国際投信㈱
			eMAXIS 全世界株式インデックス	三菱UFJ国際投信㈱
		FTSE Global All Cap Index	EXE-i　つみたてグローバル（中小型含む）株式ファンド	SBIアセットマネジメント㈱
			楽天・全世界株式インデックス・ファンド	楽天投信投資顧問㈱

単一指数・複数指数の区分	国内型・海外型の区分	指定指数の名称または指定指数の数	ファンド名称	運用会社
単一指数（株式型）	海外型	MSCI World Index（MSCIコクサイ・インデックス）	たわらノーロード　先進国株式	アセットマネジメントOne㈱
			たわらノーロード　先進国株式＜為替ヘッジあり＞	アセットマネジメントOne㈱
			iFree 外国株式インデックス（為替ヘッジあり）	大和証券投資信託委託㈱
			iFree 外国株式インデックス（為替ヘッジなし）	大和証券投資信託委託㈱
			＜購入・換金手数料なし＞ニッセイ外国株式インデックスファンド	ニッセイアセットマネジメント㈱
			野村インデックスファンド・外国株式	野村アセットマネジメント㈱
			野村インデックスファンド・外国株式・為替ヘッジ型	野村アセットマネジメント㈱
			外国株式指数ファンド	三井住友アセットマネジメント㈱
			i-SMT グローバル株式インデックス（ノーロード）	三井住友トラスト・アセットマネジメント㈱
			SMT　グローバル株式インデックス・オープン	三井住友トラスト・アセットマネジメント㈱
			eMAXIS Slim 先進国株式インデックス	三菱UFJ国際投信㈱
			eMAXIS 先進国株式インデックス	三菱UFJ国際投信㈱
			つみたて先進国株式	三菱UFJ国際投信㈱
			つみたて先進国株式（為替ヘッジあり）	三菱UFJ国際投信㈱
			Smart-i 先進国株式インデックス	りそなアセットマネジメント㈱
		FTSE Developed All Cap Index	EXE-i　つみたて先進国株式ファンド	SBIアセットマネジメント㈱
		S&P500	米国株式インデックス・ファンド	ステート・ストリート・グローバル・アドバイザーズ㈱
			iFree S&P500インデックス	大和証券投資信託委託㈱
			農林中金＜パートナーズ＞つみたてNISA米国株式 S&P500	農林中金全共連アセットマネジメント㈱
		CRSP U.S. Total Market Index	楽天・全米株式インデックス・ファンド	楽天投信投資顧問㈱
		MSCI Emerging Markets Index	たわらノーロード　新興国株式	アセットマネジメントOne㈱
			＜購入・換金手数料なし＞ニッセイ新興国株式インデックスファンド	ニッセイアセットマネジメント㈱
			野村インデックスファンド・新興国株式	野村アセットマネジメント㈱
			三井住友・DC新興国株式インデックスファンド	三井住友アセットマネジメント㈱
			i-SMT 新興国株式インデックス（ノーロード）	三井住友トラスト・アセットマネジメント㈱
			SMT　新興国株式インデックス・オープン	三井住友トラスト・アセットマネジメント㈱
			eMAXIS Slim 新興国株式インデックス	三菱UFJ国際投信㈱
			eMAXIS 新興国株式インデックス	三菱UFJ国際投信㈱
			つみたて新興国株式	三菱UFJ国際投信㈱
			Smart-i 新興国株式インデックス	りそなアセットマネジメント㈱
		FTSE Emerging Index	EXE-i　つみたて新興国株式ファンド	SBIアセットマネジメント㈱
		FTSE RAFI Emerging Index	iFree 新興国株式インデックス	大和証券投資信託委託㈱
複数指数（バランス型）	国内型	2指数	日本株式・Jリートバランスファンド	岡三アセットマネジメント㈱
		3指数	東京海上・円資産インデックスバランスファンド	東京海上アセットマネジメント㈱
			ニッセイ・インデックスパッケージ（国内・株式／リート／債券）	ニッセイアセットマネジメント㈱
	海外型	2指数	ドイチェ・ETFバランス・ファンド	ドイチェ・アセット・マネジメント㈱
		3指数	ニッセイ・インデックスパッケージ（内外・株式）	ニッセイアセットマネジメント㈱
			eMAXIS Slim 全世界株式（3地域均等型）	三菱UFJ国際投信㈱
		4指数	JP4資産均等バランス	JP投信㈱
			ダイワ・ライフ・バランス30	大和証券投資信託委託㈱
			ダイワ・ライフ・バランス50	大和証券投資信託委託㈱
			ダイワ・ライフ・バランス70	大和証券投資信託委託㈱

単一指数・複数指数の区分	国内型・海外型の区分	指定指数の名称または指定指数の数	ファンド名称	運用会社
複数指数（バランス型）	海外型	4指数	<購入・換金手数料なし>ニッセイ・インデックスバランスファンド（4資産均等型）	ニッセイアセットマネジメント㈱
			DCニッセイワールドセレクトファンド（安定型）	ニッセイアセットマネジメント㈱
			DCニッセイワールドセレクトファンド（株式重視型）	ニッセイアセットマネジメント㈱
			DCニッセイワールドセレクトファンド（債券重視型）	ニッセイアセットマネジメント㈱
			DCニッセイワールドセレクトファンド（標準型）	ニッセイアセットマネジメント㈱
			三井住友・DCターゲットイヤーファンド2040（4資産タイプ）	三井住友アセットマネジメント㈱
			三井住友・DCターゲットイヤーファンド2045（4資産タイプ）	三井住友アセットマネジメント㈱
			三井住友・DC年金バランス30（債券重点型）	三井住友アセットマネジメント㈱
			三井住友・DC年金バランス50（標準型）	三井住友アセットマネジメント㈱
			三井住友・DC年金バランス70（株式重点型）	三井住友アセットマネジメント㈱
			eMAXIS バランス（4資産均等型）	三菱UFJ国際投信㈱
			つみたて4資産均等バランス	三菱UFJ国際投信㈱
		5指数	ニッセイ・インデックスパッケージ（内外・株式／リート）	ニッセイアセットマネジメント㈱
			野村インデックスファンド・海外5資産バランス	野村アセットマネジメント㈱
		6指数	<購入・換金手数料なし>ニッセイ・インデックスバランスファンド（6資産均等型）	ニッセイアセットマネジメント㈱
			世界6資産分散ファンド（※5）	野村アセットマネジメント㈱
			野村6資産均等バランス	野村アセットマネジメント㈱
			ブラックロック・つみたて・グローバルバランスファンド	ブラックロック・ジャパン㈱
			SBI資産設計オープン（つみたてNISA対応型）	三井住友トラスト・アセットマネジメント㈱
			SMT　世界経済インデックス・オープン	三井住友トラスト・アセットマネジメント㈱
			SMT　世界経済インデックス・オープン（株式シフト型）	三井住友トラスト・アセットマネジメント㈱
			SMT　世界経済インデックス・オープン（債券シフト型）	三井住友トラスト・アセットマネジメント㈱
			eMAXIS 最適化バランス（マイ　ゴールキーパー）	三菱UFJ国際投信㈱
		7指数	ニッセイ・インデックスパッケージ（内外・株式／リート／債券）	ニッセイアセットマネジメント㈱
			野村インデックスファンド・内外7資産バランス・為替ヘッジ型	野村アセットマネジメント㈱
		8指数	たわらノーロード　最適化バランス（安定型）	アセットマネジメントOne㈱
			たわらノーロード　最適化バランス（安定成長型）	アセットマネジメントOne㈱
			たわらノーロード　最適化バランス（成長型）	アセットマネジメントOne㈱
			たわらノーロード　最適化バランス（積極型）	アセットマネジメントOne㈱
			たわらノーロード　最適化バランス（保守型）	アセットマネジメントOne㈱
			たわらノーロード　バランス（8資産均等型）	アセットマネジメントOne㈱
			たわらノーロード　バランス（堅実型）	アセットマネジメントOne㈱
			たわらノーロード　バランス（積極型）	アセットマネジメントOne㈱
			たわらノーロード　バランス（標準型）	アセットマネジメントOne㈱
			iFree 8資産バランス	大和証券投資信託委託㈱
			三井住友・DCつみたてNISA・世界分散ファンド	三井住友アセットマネジメント㈱
			SMT　8資産インデックスバランス・オープン	三井住友トラスト・アセットマネジメント㈱
			eMAXIS Slim バランス（8資産均等型）	三菱UFJ国際投信㈱
			eMAXIS 最適化バランス（マイ　ストライカー）	三菱UFJ国際投信㈱
			eMAXIS 最適化バランス（マイ　ディフェンダー）	三菱UFJ国際投信㈱
			eMAXIS 最適化バランス（マイ　フォワード）	三菱UFJ国際投信㈱
			eMAXIS 最適化バランス（マイ　ミッドフィルダー）	三菱UFJ国際投信㈱
			eMAXIS バランス（8資産均等型）	三菱UFJ国際投信㈱
			eMAXIS マイマネージャー　1970s	三菱UFJ国際投信㈱
複数指数（バランス型）	海外型	8指数	eMAXIS マイマネージャー　1980s	三菱UFJ国際投信㈱
			eMAXIS マイマネージャー　1990s	三菱UFJ国際投信㈱
			つみたて8資産均等バランス	三菱UFJ国際投信㈱
			つみたてバランスファンド	りそなアセットマネジメント㈱

[指定インデックス投資信託以外の投資信託(アクティブ運用投資信託等):16本]

<table>
<tr><th>国内型・海外型の区分</th><th>投資の対象としていた資産の区分</th><th>ファンド名称</th><th>運用会社</th></tr>
<tr><td rowspan="7">国内型</td><td rowspan="6">株式</td><td>コモンズ30ファンド</td><td>コモンズ投信㈱</td></tr>
<tr><td>大和住銀DC国内株式ファンド</td><td>大和住銀投信投資顧問㈱</td></tr>
<tr><td>年金積立　Jグロース</td><td>日興アセットマネジメント㈱</td></tr>
<tr><td>ニッセイ日本株ファンド</td><td>ニッセイアセットマネジメント㈱</td></tr>
<tr><td>ひふみ投信</td><td>レオス・キャピタルワークス㈱</td></tr>
<tr><td>ひふみプラス</td><td>レオス・キャピタルワークス㈱</td></tr>
<tr><td>株式及び公社債</td><td>結い 2101</td><td>鎌倉投信㈱</td></tr>
<tr><td rowspan="9">海外型</td><td rowspan="2">株式</td><td>セゾン資産形成の達人ファンド</td><td>セゾン投信㈱</td></tr>
<tr><td>フィデリティ・欧州株・ファンド</td><td>フィデリティ投信㈱</td></tr>
<tr><td rowspan="5">株式及び公社債</td><td>セゾン・バンガード・グローバルバランスファンド</td><td>セゾン投信㈱</td></tr>
<tr><td>ハッピーエイジング20</td><td>損保ジャパン日本興亜アセットマネジメント㈱</td></tr>
<tr><td>ハッピーエイジング30</td><td>損保ジャパン日本興亜アセットマネジメント㈱</td></tr>
<tr><td>ハッピーエイジング40</td><td>損保ジャパン日本興亜アセットマネジメント㈱</td></tr>
<tr><td>世界経済インデックスファンド</td><td>三井住友トラスト・アセットマネジメント㈱</td></tr>
<tr><td>株式及びREIT</td><td>フィデリティ・米国優良株・ファンド</td><td>フィデリティ投信㈱</td></tr>
<tr><td>株式、公社債及びREIT</td><td>のむラップ・ファンド(積極型)</td><td>野村アセットマネジメント㈱</td></tr>
</table>

[上場株式投資信託(ETF):3本]

指定指数の名称	ファンド名	運用会社
TOPIX	ダイワ上場投信ートピックス	大和証券投資信託委託㈱
日経平均株価	ダイワ上場投信ー日経225	大和証券投資信託委託㈱
JPX日経インデックス400	ダイワ上場投信ーJPX日経400	大和証券投資信託委託㈱

2018年8月現在

おわりに

最後までお読みいただき、ありがとうございます。

本書は、これまで投資にはまったく縁のなかった方でも抵抗感なく読み進められるように、図解やイラストを用いながら、わかりやすく丁寧にまとめました。

投資に対する考え方やスタンスは、一人ひとり異なります。それぞれのライフスタイルに合った最適な資産形成の方法も、当然、一つではありません。ただ、投資初心者の方がどの金融商品で資産形成をしようかと考える際、その有力候補の一つが「投資信託」であることは間違いありません。投資信託は、難しい運用部分をプロに任せられたり、まとまった資金がなくても始められたりするため、最初のハードルがとても低い金融商品です。ぜひ最初の一歩として投資信託を活用してみてください。

最後になりますが、投資信託の商品選択などを含め、資産形成のベストな方法を見つけるには、金融に関する最低限の知識が必要です。また投資で成功するには、その知識を活かす「知恵」と、投資にチャレンジするほんの少しの「勇気」が求められます。本書がそのきっかけとなり、皆さんの資産形成に少しでもお役に立てれば幸いです。

安恒　理

■ 著者

安恒 理（やすつね おさむ）

現代ビジネス兵法研究会、オフィスミックスナッツ代表。1959 年、福岡県生まれ。慶應義塾大学文学部国文学科卒業後、出版社に勤務。月刊誌の編集に携わった後、ライターとして独立。マネー誌への執筆を中心に、投資、ビジネス、歴史、スポーツ、サブカルチャーなど幅広い分野で執筆活動を行なう。主な著書に『図解 知識ゼロからはじめる株の入門書』『図解 知識ゼロからはじめる FX の入門書』（ソシム）、『いちばんカンタン！株の超入門書』『いちばんカンタン！ FX の超入門書』（高橋書店）、『マンガでわかる最強の株入門』（新星出版社）などがある。

※本書は 2018 年 8 月現在の情報に基づいています。
※投資はあくまでも自己の判断で行なってください。
※本書の情報による損害については、著者および発行元はいかなる責任も負いません。

DTP	有限会社プッシュ
カバー・本文デザイン	二ノ宮 匡（NIXinc）
イラスト・マンガ	上田惣子
編集協力	有限会社ヴュー企画（山本大輔）

図解 知識ゼロからはじめる 投資信託の入門書

2018 年 10 月 5 日　初版第 1 刷発行

著者	安恒 理
発行人	片柳 秀夫
編集人	三浦 聡
発行	ソシム株式会社 http://www.socym.co.jp/ 〒 101-0064 東京都千代田区神田猿楽町 1-5-15 猿楽町 SS ビル TEL:03-5217-2400（代表） FAX:03-5217-2420
印刷・製本	音羽印刷株式会社

定価はカバーに表示してあります。
落丁・乱丁本は弊社編集部までお送りください。送料弊社負担にてお取替いたします。

ISBN978-4-8026-1170-1